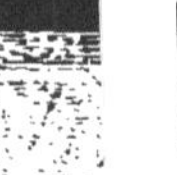

BULLETIN OFFICIEL

DU MINISTÈRE DE LA GUERRE.

RÈGLEMENT

SUR LES

ÉTABLISSEMENTS PÉNITENTIAIRES

MILITAIRES

MODÈLES

PARIS

HENRI CHARLES-LAVAUZELLE

Éditeur militaire

10, Rue Danton, Boulevard Saint-Germain, 118

(Même Maison à Limoges)

Paris et Limoges. — Imprimerie militaire Henri CHARLES-LAVAUZELLE.

BULLETIN OFFICIEL
DU MINISTÈRE DE LA GUERRE.

RÈGLEMENT

SUR LES

ÉTABLISSEMENTS PÉNITENTIAIRES

MILITAIRES

MODÈLES

PARIS

Henri CHARLES-LAVAUZELLE

Éditeur militaire

10, Rue Danton, Boulevard Saint-Germain, 118

(MÊME MAISON A LIMOGES)

GOUVERNEMENT
MILITAIRE
ou
CORPS D'ARMÉE

—

PLACE d   d

(1) Désigner l'établis-
sement

(1)

RAPPORT MENSUEL

MODÈLE N° 1.

—

Art. 12 de l'Instruc-
tion du 10 décem-
bre 1900.

FORMAT :

Hauteur......... 0m,32
Largeur......... 0m,21

Mouvements des détachements.

DÉSIGNA-TION de L'EMPLACE-MENT des chantiers extérieurs.	NOM et GRADE du chef de détache-ment.	DÉPARTS.		ARRIVÉES.		FORCE DES DÉTACHEMENTS à l'arrivée.			MODE DE TRANSPORT.	MUTATIONS en COURS DE ROUTE
		LIEUX	DA-TES.	LIEUX	DA-TES.	Personnel de surveillance.	Personnel de garde auxiliaire.	Nombre de détenus.		

Punitions du personnel.

(Toutes les punitions des officiers, les punitions de prison, et celles supérieures
à 8 jours de consigne à la chambre pour les sous-officiers.)

OFFICIERS.	SOUS-OFFICIERS.

Le présent rapport est arrêté à la date du dernier jour du mois; il est adressé au
Ministre dans les cinq premiers jours du mois suivant.

A Monsieur le Ministre de la guerre (Direction du Contentieux et de la Justice mili-
taire, Bureau de la Justice militaire).

Person   *nel.*

NOMS et PRÉNOMS.	PERSONNEL DE COMMANDEMENT et de surveillance.									PERSONNEL ADMINISTRATIF.							Service religieux.	DÉCORATIONS.	MUTATIONS.	Indication de la présence par la lettre P. et de l'absence par la lettre A.	OBSERVATIONS.
	Chef de bataillon.	Capitaine.	Lieutenant.	Adjudant agent principal.	Adjudant de surveillance de 1re classe.	Adjudant de surveillance de 2e classe.	Sergent-major surveillant.	surveillant portier. (1)	Sergent surveillant.	Officiers d'administration de 1re classe.	de 2e classe.	de 3e classe.	Adjudants greffier de 1re classe.	de 2e classe.	Sergent-major comptable.	Sergent comptable.	Ministre des différents cultes.	Légion d'honneur et médaille militaire.			

NOTA. — Inscrire les noms dans l'ordre des colonnes ci-contre en laissant une ligne en blanc entre le personnel de commandement, le personnel administratif et le service religieux.

(1) désigner le grade du surveillant-portier.

Effectif des sous-officiers. { liés au service.....................
commissionnés....................
employés à titre auxiliaire..........

Ensemble......

Contenance de l'établissement.

Nombre de places (chambrées ou cellules) (on ne devra pas comprendre dans ce chiffre les cellules de correction).

Effectif. { des condamnés.......
des disciplinaires...
des prévenus.......
des passagers...... }

Nombre de places disponibles.

Locaux spéciaux.

Nombre de cellules de correction...

Nombre de chambres d'officiers { occupées......
disponibles... }

Nombre de chambres affectées au personnel...............

Nombre des agents qui faute de place ne sont pas logés................

RENSEIGNEMENTS SUR L'ÉTAT SANITAIRE.

Décès.

Décès survenus pendant le mois, y compris ceux ayant donné lieu, en raison des circonstances, à un rapport.

Évasions.

Travail.

Nombre total de journées de présence, déduction faite des journées de cellule......

Nombre total de journées de chômage par suite d'inoccupation de l'effectif minimum contractuel................

Nombre total mensuel des journées de travail des condamnés.............

Nombre total mensuel des journées de travail des prévenus.............

Nombre total mensuel des journées de travail des disciplinaires passagers.

Vu :   À   , le   19 .

(1)   *Le Commandant ou l'Agent principal,*

(1) Dans les prisons non commandées par un officier spécialement affecté à la prison, cet état porte le visa du commandant d'armes ou du major de la garnison.

GOUVERNEMENT
MILITAIRE
d
ou
° CORPS D'ARMÉE

PLACE d

(1) Désigner l'établis-
sement.

JUSTICE MILITAIRE.

MODÈLE N° 2.

Art. 12 de l'Instruction
du 10 décembre 1900.

FORMAT :

Hauteur......... $0^m,37$
Largeur......... $0^m,25$

(1)

ÉTAT

de situation des détenus.

MOIS D   19 .

INSTRUCTIONS.

1° Donner à chaque catégorie une série de numéros d'ordre qui lui soit particulière, et qui fasse ressortir d'une manière distincte la situation de l'effectif qui compose cette catégorie ;

2° Apporter le plus grand soin à la récapitulation par laquelle l'état est terminé.

3° Indiquer toujours chaque catégorie, lors même qu'on devrait se borner à mettre au-dessous le mot *Néant*.

4° Avoir soin de comprendre dans la première catégorie les militaires condamnés à l'emprisonnement, lors même qu'ils ne devraient pas rester à la prison.

5° Avoir soin de porter, sur l'état nominatif, les hommes en traitement à l'hôpital, dont le total doit figurer en bloc sur l'état numérique final.

Cet état est arrêté à la date du dernier jour du mois et adressé au Ministre dans les cinq premiers jours du mois suivant.

A Monsieur le Ministre de la guerre. (Direction du contentieux et de la justice militaire; Bureau de la justice militaire).

Nos d'ordre.	NUMÉROS du registre d'écrou.	NOMS ET PRÉNOMS des détenus.	GRADE qu'ils avaient. — CORPS auquel ils appartiennent.	DATE de l'écrou	MOTIF de LA DÉTENTION.	NATURE ET DURÉE de la peine. — Réductions obtenues.	DATE du JUGEMENT.	DÉSIGNATION du CONSEIL de guerre.	MUTATIONS			OBSERVATIONS.
									MOTIFS DE LA SORTIE.	DATES DE LA SORTIE.	DESTINATIONS qui ont été données.	

1re CATÉGORIE.

Officiers, sous-officiers et soldats détenus par suite de jugements devenus définitifs ou de commutation.

2e CATÉGORIE.

Militaires en détention préventive ou attendant qu'il soit statué sur leur pourvoi en revision.

3e CATÉGORIE.

Condamnés à mort, à des peines afflictives ou infamantes et aux travaux publics attendant une décision sur leur sort ou une destination.

4e CATÉGORIE.

Hommes détenus par mesure de discipline ou pour toute autre cause.

EFFECTIF GÉNÉRAL DES PRISONNIERS.

Le nombre des militaires existant dans la prison au 1er   était de.
Entrés pendant le mois de..

TOTAL....................

	Par acquittement.......................
Sortis.	Par obtention de grâce...................
	Par expiration de peine..................
	Pour être dirigés sur les ateliers de travaux publics et les pénitenciers militaires..................
	Pour être dirigés sur les établissements pénitenciers des colonies et les maisons centrales............
	Par suite de décès.......................
	Par suite d'évasion......................
	Pour toute autre cause...................

RESTE à l'effectif.......

Dont   à l'hôpital.......

RÉCAPITULATION.

1re catégorie.

Effectif des condamnés subissant la peine de l'emprisonnement et
 présents au 1er...
Condamnés écroués pendant le mois...........................

TOTAL....................

Condamnés sortis pendant le mois............................

2e, 3e et 4e catégories.

Effectif au 1er...
Entrés pendant le mois......................................

TOTAL....................

Sortis pendant le mois......................................

TOTAL égal à l'effectif au   ....

A   , le   19 .

Le Commandant de l'

ou

L'Agent principal,

(1) Dans les prisons non commandées par un officier spécialement affecté à la prison,
cet état porte le visa du commandant d'armes ou du major de la garnison (art. 31 de
l'instruction).

CORPS D'ARMÉE.

—

PLACE D

(1) Désignation de l'établissement.

(1)

MODÈLE Nº 3.

—

Art. 12 de l'Instruction du 10 décembre 1900.

FORMAT :

Hauteur........ 0ᵐ.32.
Largeur........ 0ᵐ,21.

RAPPORT

JOURNALIER AU GÉNÉRAL COMMANDANT LA SUBDIVISION.

Personnel.	Commandement.	Chef de bataillon ou capitaine commandant. Officier adjoint. Adjudant de surveillance. Sergent-major surveillant portier. Sergents-majors surveillants. Sergents surveillants.	
	Administration	Officier d'administration de classe. Officier d'administration de classe. Adjudants grefliers. Sergents-majors comptables. Sergents comptables.	
	A l'hôpital.		
	En congé.		

Effectif des détenus.	Présents.	En santé.	1º Prévenus..... 2º Condamnés... 3º Disciplinaires.	dont : prévenus.... condamnés.. disciplinaires
		A l'infirmⁱᵉ.	1º Prévenus..... 2º Condamnés... 3º Disciplinaires.	
	Absents.		Aux hôpitaux.............. En jugement.............. En évasion.............. En témoignage.............	

<table>
<tr><td>Mutations :</td><td>{</td></tr>
<tr><td>Punitions :</td><td>Personnel.
Détenus.</td><td>{</td></tr>
<tr><td>Demandes :</td><td>{</td></tr>
<tr><td>Objets divers :</td><td>{</td></tr>
<tr><td>Événements :</td><td>{</td></tr>
</table>

A   , le   19   .

(1) *Le Commandant de*

ou

L'Agent principal

---

(1) Dans les prisons militaires non commandées par un officier spécialement affecté à la prison, cet état est visé par le délégué du commandant d'armes (art. 81 de l'Instruction).

ÉTABLISSEMENTS PÉNITENTIAIRES.

FEUILLET DU PERSONNEL.

de M.

MODÈLE N° 4.

Art. 13 de l'Instruction du 10 décembre 1900.

FORMAT DU PAPIER :
Hauteur......... 0ᵐ,320
Largeur......... 0ᵐ,210

CADRE :
(A). Hauteur......... 0ᵐ,290
Largeur......... 0ᵐ,180

Nom   , prénoms   ,
surnom   , date et lieu de naissance.
fils de   et de dame
domiciliés à   canton d
département d   . Marié le   autorisation
du   . Enfants   masculin   féminin.
(1) ·   Entré dans les établisse-
ments pénitentiaires militaires le   comme   venant

GRADES SUCCESSIFS AU CORPS.	GRADES SUCCESSIFS DANS LE SERVICE DE LA JUSTICE MILITAIRE.	
Soldat au le	Sergent-surveillant le	Sergent comptable.
Caporal au le	Sergent-major surveil-lant le	Sergent-major compta-ble le
Sergent au le		
Sergent fourrier au le	Adjudant de sur-veillance { 1ʳᵉ 2ᵉ	Adjudant gref-fier { 1ʳᵉ 2ᵉ
Sergent-major au le		
Adjudant au le libéré le.	Adjudant agent principal le	

Campagnes { du { au en captivité à ou en internement à (suivant le cas) { du { au	Affaires auxquelles le sous-officier a pris part. (Dates des affaires.)

BLESSURES.

1° De guerre.	2° En service commandé.

Actions d'éclat et citations à l'ordre de l'armée.	Lettres et témoignages de satisfaction du Ministre, etc.

DÉCORATIONS.

Françaises.	Étrangères.

(A) Les feuillets sont classés par ordre alphabétique.
(1) Indiquer, s'il y a lieu, les renseignements relatifs aux séparations de corps ou de biens, au divorce, au veuvage, à un nouveau mariage, option, changement de nom (dates des décrets ou jugements).

| DATES : | | DÉSIGNATION DES DÉTACHEMENTS. |
DES DÉPARTS des détachements pour les chantiers extérieurs.	DE RENTRÉE des détachements.	

PUNITIONS (1).

DATES.	CONSIGNE au quartier.	CONSIGNE à la chambre.	PRISON.	NOMS ET GRADES DES OFFICIERS qui ont infligé les punitions et motifs.
Totaux à l'arrivée.........				
Totaux.......				

(1) Quand cette page est remplie, on mentionne dans la colonne « motifs » sur la ligne « totaux » qu'un premier intercalaire suit ; le recto de ce premier intercalaire devient la page 2 bis et le verso la page 2 ter.

Noms et prénoms :
Grades :

DATES :		NOTES PARTICULIÈRES
ANNÉE :	SEMESTRE :	ET SUCCESSIVES.

DATES:		NOTES PARTICULIÈRES
ANNÉE:	SEMESTRE:	ET SUCCESSIVES (suite).

Modèle N° 5.

Art. 13 de l'Instruction du 10 décembre 1900.

Format :
Hauteur......... 0^m,37
Largeur......... 0^m,24

(1)

REGISTRE DE MORALITÉ DES DETENUS.

(1) Désignation de l'établissement.

NUMÉRO AU REGISTRE d'écrou.	NOMS et PRÉNOMS.	GRADES. — Corps d'où ils viennent. — Date de l'entrée au service et de la libération de l'armée active.	DÉLITS. — Durée de la peine. — Date du jugement. — Conseil de guerre. — Durée de la peine.	ANNÉE et TRIMESTRE.	APPRENTIS OU OUVRIERS.	ATELIERS.	PUNITIONS.			
							DATE.	MOTIFS.	CELLULE	
									sans fers.	avec fers.
				19 { 1er trimestre. / 2e — / 3e — / 4e —						
				19 { 1er trimestre. / 2e — / 3e — / 4e —						

ÉTAT MORAL.				OBSERVATIONS.	POUR MÉMOIRE. Punitions antérieures à celles infligées dans les établissements pénitentiaires. (Relevé des punitions du corps.)				
CONDUITE.	TRAVAIL.	INSTRUCTION	MORALITÉ.		Consigne.	Salle de police.	Prison.	Cellule.	Total.

Modèle nº 6.

Art. 14 de l'Instruction du 10 décembre 1900.

FORMAT :

Hauteur.......... 0ᵐ.32
Largeur.......... 0ᵐ.21

Désigner l'établissement. {

FEUILLE mobile de punitions.

Nº d'écrou :			Noms et prénoms : {	
DATE des punitions.	CELLULE DE CORRECTION		PAR QUI LES PUNITIONS ont été infligées.	MOTIFS DES PUNITIONS.
	sans fers.	avec fers.		

MODÈLE N° 7.

Art. 14 de l'Instruction
du 10 décembre 1900.

FORMAT :
Hauteur......... 0",87
Largeur......... 0",24

CORPS D'ARMÉE.

PLACE D .

19 .

TRIMESTRE.

JUSTICE MILITAIRE.

(A)

ÉTAT

de moralité des condamnés écroués à l'établissement pour y subir leur peine.

INSTRUCTIONS.

Les articles relatifs à chaque détenu doivent être renfermés dans des cases délimitées par des traits horizontaux.

1re COLONNE. — Inscrire les numéros d'écrou par ordre numérique.

2e COLONNE. — Porter les hommes présents au dernier jour du trimestre et dont la peine n'est pas achevée. (*Les noms doivent être écrits en bâtarde ou en ronde.*)

3e et 4e COLONNES. — Indiquer exactement si les condamnés ont été occupés, et à quelle nature de travaux.

5e et 6e COLONNES. — Faire avec soin la distinction de la conduite et de la manière de travailler pour chaque condamné.

7e COLONNE. — Énumérer sommairement la cause, la nature et la durée de toutes les punitions infligées aux condamnés pendant le trimestre.

8e COLONNE. — Spécialement réservée aux observations qu'il pourra quelquefois être utile d'ajouter en regard du nom des condamnés.

Cet état est arrêté à la date du dernier jour du trimestre et adressé au Ministre dans les cinq premiers jours du trimestre suivant.

(A) Désignation du pénitencier, de l'atelier ou de la prison.

NUMÉROS d'écrou des condamnés.	NOMS ET PRÉNOMS des condamnés.	PROFESSIONS		RENSEIGNEMENTS sur les CONDAMNÉS EN CE QUI CONCERNE	
		qu'ils connaissent	qu'ils ont exercées durant le trimestre, à l'établissement.	leur conduite.	leur travail.
1	2	3	4	5	6

CAUSE, NATURE ET DURÉE DES PUNITIONS INFLIGÉES PENDANT LE TRIMESTRE.	OBSERVATIONS.
7	8

Fait par nous soussigné (*)

A   , le   19 .

Vu :

Le Général de brigade commandant
la subdivision militaire,

OPINION *du général commandant le corps d'armée et la division*
militaire sur la situation morale de l'établissement.

(*) Dans les prisons militaires qui ne sont pas commandées par un officier spécialement affecté à la prison, cet état est visé par le délégué du commandant d'armes. (Art. 81 de l'Instruction.)

e CORPS D'ARMÉE

PLACE d

Année 19 ,

MODÈLE N° 8.

Art. 14 de l'Instruction
du 10 décembre 1900.

FORMAT :

Hauteur......... 0",37
Largeur .... 0",24

JUSTICE MILITAIRE.

(1)

PROPOSITIONS
DE GRACES ET DE RÉDUCTIONS DE PEINE.

ÉTAT

comprenant   condamnés jugés susceptibles d'une mesure
d'indulgence.

NOTA. — Les détenus proposés pour grâce sont inscrits par ordre de pré-
férence. Le rang de ceux proposés pour une réduction de peine est déterminé
par l'importance des réductions, en commençant par les plus fortes.

Des états spéciaux peuvent être dressés à toute époque de l'année, et
quelle que soit la fraction subie de la peine, en faveur des détenus qui se dis-
tinguent par des actes de courage, de dévouement, de probité..., etc.

Ces divers états, ne devant pas être appuyés de relevé de punitions, doi-
vent toujours présenter la totalisation des journées de cellule et des cas de
mise aux fers.

(1) Désignation de l'établissement pénitentiaire.

Monsieur le Ministre de la guerre (Direction du Contentieux et de la Jus-
tice militaire; Bureau de la Justice militaire).

NUMÉROS D'ÉCROU.	NOMS et PRÉNOMS	ÂGE	GRADES qu'ils avaient et corps auxquels ils appartiennent.	Titre auquel ils sont liés au service	DATE des jugements. Désignation des conseils de guerre.	MOTIF DES CONDAMNATIONS — En cas de condamnation pour vol, spécifier la nature des objets dérobés ou la valeur des sommes.	NATURE ET DURÉE DE LA PEINE en cours et indication des commutations de réductions de peine obtenues depuis la condamnation.	PEINE restant à subir au	TEMPS DE SERVICE restant à faire au moment de l'élargissement.	RENSEIGNEMENTS		OPINION		PROPOSITIONS sur la destination à donner aux condamnés proposés pour grâce.	OBSERVATIONS.	DÉCISION du MINISTRE.
										SUR LES CONDAMNATIONS antérieures subies par les condamnés soit dans la vie civile soit sous les drapeaux.	SUR LES PUNITIONS de prison subies au corps.	SUR LA MORALITÉ et la conduite des hommes pendant leur détention. Proposition du chef de l'établissement.	DU GÉNÉRAL INSPECTEUR délégué ou du major de la garnison.	DU GOUVERNEUR MILITAIRE ou commandant de corps d'armée.			

1re CATÉGORIE
proposés pour GRÂCE.
grâce.

2e CATÉGORIE
proposés pour GORIE.
réduction de peine.

Fait par nous (1)   soussigné

                                A   , le   19 .

            (3)

                                        Vu :

                        Le Général commandant la subdivision ,

            Vu :

            (2)

(1) Pour grâce ou réduction de peine, dans ce dernier cas, indiquer la quotité de la durée de réduction proposée.

(2) Le commandant de ou l'agent principal de la prison militaire. Dans les prisons non commandées par un officier spécialement affecté à la prison, cet état doit porter le nom du délégué du commandant d'armes.

(3) Gouverneur militaire, commandant de corps d'armée, général commandant la division en Algérie ou la division d'occupation de Tunisie.

JUSTICE MILITAIRE.

NOTICE INDIVIDUELLE.

MODÈLE N° 9.

Art. 14 et 57
de l'Instruction
du 10 décembre 1900.

FORMAT :

Hauteur.......... 0ᵐ.24
Largeur.......... 0ᵐ.37

*Désignation de l'établissement.

NOM ET PRÉNOMS du condamné, lieu de naissance et numéro d'écrou.	AGE : l'à l'époque du crime ou délit; 2° actuellement.	GRADE qu'il avait et corps auquel il appartient.	TITRE auquel il est lié au service militaire.	DATE du jugement et désignation du conseil de guerre.	MOTIFS de la condamnation (en cas de condamnation pour vol, spécifier la nature des objets ou l'importance des sommes).	NATURE et durée de la peine et commutation ou réductions de peine obtenues.	DURÉE de la peine restant à subir à la date du	TEMPS de service restant à faire à la date de l'élargissement	ANALYSE des faits et avis du commissaire du gouvernement.

(Motif de la proposition (1)

Fait à le   19 .
(2)

Avis du (3)

Nota. — Le présent modèle est employé pour les propositions de grâce ou réduction de peine concernant les hommes du corps de la marine et ceux pour lesquels le Ministre demande des renseignements particuliers en vue de mesures gracieuses. Il est également employé pour les renseignements à fournir sur les militaires condamnés à la réclusion ou aux travaux forcés par un conseil de guerre ou en cas de recours en grâce.

᾿CORPS D'ARMÉE

—

PLACE d

JUSTICE MILITAIRE.

MODÈLE N° 10.

—

Art. 14 et 58
de l'Instruction
du 10 décembre 1900.

FORMAT :

Hauteur......... 0ᵐ,37
Largeur......... 0ᵐ,24

(1) {

ÉTAT

*des détenus dont la peine expire dans le courant du mois de (2)
et devant être dirigés sur (3)*

M (4)

(1) Indiquer l'établissement.
(2) Indiquer le mois.
(3) Un bataillon d'infanterie légère d'Afrique ou sur un régiment ou sur une compagnie de discipline.
(4) Le gouverneur militaire ou le général commandant le corps d'armée ou le Ministre (Direction du Contentieux et de la Justice militaire; Bureau de la Justice militaire.)
Il est dressé des états distincts pour les militaires sur la destination desquels les gouverneurs militaires ou généraux commandant de corps d'armée sont appelés à statuer et pour ceux dont l'affectation doit être prononcée par le Ministre. Les premiers sont adressés au gouverneur militaire ou au général commandant de corps d'armée, les seconds seuls sont envoyés au Ministre sans bordereau d'envoi.

NUMÉROS D'ÉCROU.	NOMS et PRÉNOMS.	GRADES qu'ils avaient et corps auxquels ils appartiennent.	DATE des jugements et désignation des conseils de guerre.	MOTIFS de la condamnation, nature et durée de la peine. Réductions de peines obtenues depuis la condamnation.	DATE du jour de l'expiration de la peine.	TEMPS de service restant à faire

RENSEIGNEMENTS		PROPOSITION sur les destinations à donner.	DÉCISION du général commandant le corps d'armée.	DÉCISION du ministre.	OBSERVATIONS.
sur les antécédents	sur la moralité et la conduite des hommes pendant leur détention.				

Fait par nous (1)   soussigné

                    A   , le   19   .

          (3)

                                        Vu :

                              Le Général commandant la subdivision,

      Vu :
          (2)

(1) Commandant de   ou agent principal de la prison de
(2) Gouverneur militaire ou général commandant do corps d'armée, la division militaire en Algérie ou la division d'occupation de Tunisie.
(3) Dans les prisons non commandées par un officier spécialement affecté à la prison, cet état doit porter le visa du délégué du commandant d'armes.

• CORPS D'ARMÉE

PLACE

d

(1) Indiquer l'établissement.
(2) Replacés dans leur corps, ou affectés aux bataillons d'Afrique, ou envoyés aux compagnies disciplinaires des colonies. Il est fait des états distincts pour chaque catégorie d'hommes. De même il est dressé des états spéciaux pour les hommes des compagnies disciplinaires des colonies qui lors de leur libération n'ont plus à fournir qu'un temps de service militaire ne comportant pas leur renvoi aux colonies.

(1)

JUSTICE MILITAIRE.

MODÈLE N° 10 bis.

Art. 14 et 58 de l'Instruction du 10 décembre 1900.

FORMAT :
Hauteur.......... 0m,37
Largeur.......... 0m,24

ÉTAT des détenus appartenant à l'armée de mer dont la peine expire dans le courant du mois d   et qui sont susceptibles d'être (2)

À Monsieur le Ministre de la marine.

NUMÉROS d'écrou.	NOMS et PRÉNOMS	GRADES ou corps d'origine et désignation de ce corps.	DATES des jugements et désignation des juridictions.	MOTIFS de la condamnation, nature et durée de la peine, et réductions de peine obtenues depuis la condamnation.

Fait par nous soussigné, commandant ou agent principal de

A   , le   19 .

(1)

(1) Dans les prisons militaires non commandées par un officier spécialement affecté à la prison cet état doit porter le visa des délégués du commandant d'armes.

DATE du jour de l'expiration de la peine.	TEMPS de service restant à accomplir.	RENSEIGNEMENTS		PROPOSITIONS sur les DESTINATIONS à donner.	AVIS du général commandant le corps d'armée.
		sur les antécédents.	sur la moralité et la conduite des hommes pendant leur détention.		

Vu :
Le Général commandant la subdivision,

Certifié le présent état

(1) Le Général commandant le   e corps d'armée,

FORMAT :
Hauteur........ 0=,32.
Largeur........ 0=,21.

JUSTICE MILITAIRE.

MODÈLE N° 11.

Art. 14 de l'Instruction du 10 décembre 1900.

(2)

AVIS

DE DÉCISION GRACIEUSE.

Avis de décision gracieuse à mentionner sur le bulletin n° 1 du casier judiciaire délivré à M. le Procureur de la République près le tribunal de   ou à M. le Commissaire du Gouvernement près le Conseil de guerre d (1)

Le nommé

né le   19 , à   ,

arrondissement d   , département

d   , condamné le   ,

par le Conseil de guerre séant à   ,

à la peine de   ,

pour

détenu à   , a été, par décret du

                   , l'objet de la mesure d'indulgence

suivante :

Délivré, le

(4)

M (3)

(1) Rayer, selon le cas, la 1re ou la 2e destination.
(2) Désigner l'établissement.
(3) Le procureur de la République de   ou le commissaire du Gouvernement près le conseil de guerre de
(4) Le commandant de l'établissement ou l'agent principal. Dans les prisons non commandées par un officier spécialement affecté à la prison, cet avis doit porter le visa du délégué du commandant d'armes.

• CORPS D'ARMÉE

PLACE

d

Dans les prisons non commandées par un officier spécialement affecté à la prison cet état doit porter le visa du délégué du commandant d'armes.

(1)

MODÈLE N° 12.

Art. 14 de l'Instruction du 10 décembre 1900.

FORMAT :

Hauteur......... 0ᵐ.21
Largeur......... 0ᵐ.32

(1) Désignation de l'établissement.

JUSTICE MILITAIRE.

EXTRAIT des registres d'écrou et de moralité.

NUMÉRO D'ÉCROU.	NOMS et PRÉNOMS.	CORPS AUQUEL appartenait le condamné.	CONSEILS DE GUERRE qui ont rendu les jugements.	CONDAMNA-TIONS subies à l'établissement.	DATE de L'ARRIVÉE à l'établissement.	GRACES ou COMMUTATION de peine.	CONDAMNA-TIONS ANTÉ-RIEURES.	CONDUITE TENUE à l'établissement d'après le registre de moralité.	MOTIFS ET DATES des sorties définitives.

CERTIFIÉ conforme aux inscriptions des registres d'écrou et de moralité.

A   , le   19 .

Le Commandant de l'établissement ou l'Officier commandant la prison ou l'agent principal.

Format :
Hauteur.......... 0ᵐ,22
Largeur......... 0ᵐ,32

(1) Désigner l'établissement.

Modèle Nº 13.

Art. 134 de l'Instruction du 10 décembre 1900.

(1)

CARNET

A SOUCHES DES COMMANDES DE DENRÉES ET OBJETS ACHETÉS AU COMPTE DE LA MASSE D'ORDINAIRE.

Le présent carnet, contenant   feuillets, a été coté et paraphé par nous, Sous-Intendant militaire.

A   , le   19 .

Format du cadre.

Hauteur........ 0m.185
Largeur........ 0m.28

Modèle n° 13 bis.

Art. 134 de l'Instruction du 10 décembre 1900.

ÉTABLISSEMENT PÉNITENTIAIRE MILITAIRE.

TALON DU BON POUR LIVRAISON

N° d'ordre de la commande :

Date de la commande :

Pénitencier, prison ou atelier de travaux publics de

Nom du fournisseur :

Profession du fournisseur :

N° des articles.	Quantités.	NATURE DES DENRÉES ET OBJETS.	Prix d'unité.	Décompte ou deniers.
		TOTAL.....		

L'Officier adjoint
ou
L'Agent principal.

Ensemble des dépenses, y compris celle résultant du présent bon.............................

RÉCAPITULATION

des sommes dépensées au titre de la masse d'ordinaire.

Montant des commandes des précédents feuillets.

BON POUR LIVRAISON

N° d'ordre de la commande :

Date de la commande :

Pénitencier, prison ou atelier de travaux publics.

Nom du fournisseur :

Profession du fournisseur :

N° des articles.	Quantités.	NATURE DES DENRÉES ET OBJETS.	Prix d'unité.	Décompte ou deniers.
		TOTAL.....		

Reçu les fournitures détaillées ci-dessus (I)

A   . le   19 .

L'Officier adjoint
ou
L'Agent principal.

Heure de la livraison :

(I) Si des articles ont été omis, ajouter à la main : A l'exception des articles rayés n°°

JUSTICE MILITAIRE.

MODÈLE N° 14.

Art. 18 de l'Instruction du 10 décembre 1900.

FORMAT :
Hauteur .... 0ᵐ,32.
Largeur .... 0ᵐ,21.

(1) {

REGISTRE DU VAGUEMESTRE.

Le présent registre, contenant   feuillets, celui-ci compris, a été coté et parafé par nous, Sous-Intendant militaire, pour servir à l'enregistrement tant des sommes d'argent et lettres chargées qui seront remises par le receveur des postes au vaguemestre d   à l'adresse des officiers, sous-officiers et détenus de cet établissement, que des divers chargements qu'il a déposés et des mandats ou bons de poste qu'il a pris dans ces bureaux, pour le compte desdits officiers, sous-officiers et détenus.

A   , le   19   .

____

(1) Désignation de l'établissement pénitentiaire.

1re PARTIE. — *Sommes et lettres* chargées à retirer des bureaux de poste.

REMISE DE MANDATS OU BONS DE POSTE AU VAGUEMESTRE PAR LE PERSONNEL OU PAR LES DÉTENUS.							REMISE AU VAGUEMESTRE DE POSTE OU REMISE DE LA POSTE.		LA VALEUR DES MANDATS ET BONS CHARGEMENTS PAR LE BUREAU DE	ACQUITS DU TITULAIRE des mandats, bons de poste, ou des chargements.		REÇUS DES RECEVEURS ou employés pour les objets non distribués.
Numéros d'enregistrement.	Numéros des mandats.	Dates du mandat ou des bons de poste.	Noms des militaires ou détenus auxquels les articles sont adressés.	Numéros matricules ou numéros d'écrou.	Bureaux de départ.	Dates des remises des mandats ou des bons de poste au vaguemestre.	Dates.	Montant du mandat ou du bon de poste payé au vaguemestre ou du chargement.	Désignation des bureaux et signatures des receveurs ou employés qui ont payé le mandat, le bon de poste ou remis le chargement.	Dates.	Signature du destinataire.	

2e PARTIE. — *Chargements et envois* d'argent à faire par le vaguemestre.

REMISE PAR LES CONVOYEURS DES LETTRES A CHARGER OU DES SOMMES A EXPÉDIER PAR MANDATS OU BONS DE POSTE.							REMISE DES MANDATS OU RÉCÉPISSÉS DE CHARGEMENTS.		OBSERVATIONS.
Numéros d'enregistrement.	Dates.	Expéditeurs.	Numéros matricules ou d'écrou.	Montant des mandats bons de poste ou valeur des chargements.	Destination.	Bureaux où les chargements et dépôts ont été faits.	Dates.	Signature des envoyeurs.	

TRIMESTRE 19 .

N° d'inscription au registre journal des recettes et dépenses.

(1) Désigner l'établissement.
(2) Signature du vaguemestre.
(3) Signature du commandant du pénitencier ou atelier.

(1) {

MODÈLE N° 15.

Art. 18 de l'Instruction du 10 décembre 1900.

FORMAT :
Hauteur........ 0ᵐ,32.
Largeur........ 0ᵐ,21.

ÉTAT

indiquant les sommes retirées de la poste pour les détenus par le vaguemestre et provenant des valeurs adressées aux détenus ou de retraits de dépôts à la Caisse nationale d'épargne.

NUMÉROS D'ÉCROU.	NOMS.	MONTANT.	OBSERVATIONS.
	TOTAL........		

Certifié par nous, Vaguemestre, le présent état à la somme de :

A , le 19.

(2)

Vu et vérifié,

A , le 19 .

Le (grade) commandant le,

(3)

L'Officier d'administration comptable (ou l'Agent principal) reconnaît avoir reçu du vaguemestre la somme de :

A , le 19 .

Vu :

Le Sous-Intendant militaire,

FORMAT :
Hauteur........ 0m,32.
Largeur........ 0m,21.

(1) Désigner l'établis-
sement.

MODÈLE N° 16.

Art. 19 de l'Instruction
du 10 décembre 1900.

(1) {

RAPPORT du   19 .

DÉSIGNATION des SECTIONS.	PRÉSENTS.											ABSENTS.						TOTAL.	EFFECTIF.
	AYANT TRAVAILLÉ				N'AYANT PAS TRAVAILLÉ							à l'hôpital.		en jugement		en témoignage.			
	comme ouvriers.	comme apprentis de 1re catégorie.	de 2e catégorie.	détenus dans le service intérieur.	non occupés.		à l'infirmerie.		en punition.		Total des présents.								
					Ouvriers.	Apprentis.	Ouvriers.	Apprentis.	Ouvriers.	Apprentis.		Ouvriers.	Apprentis.	Ouvriers.	Apprentis.	Ouvriers.	Apprentis.		
TOTAUX......																			
Totauxgénéraux																			

L'Adjudant sous-officier de surveillance,

ÉVÉNEMENTS SURVENUS DURANT LA JOURNÉE DU

DÉTENUS PUNIS DANS LA JOURNÉE DU

MUTATIONS.

CORPS D'ARMÉE

Place d

(1) D'incarcération ou de passage (2ᵉ partie).
(2) Militaires subissant une punition disciplinaire ou militaires passagers non condamnés.

MODÈLE Nᵒ 17.

Art. 40 de l'Instruction du 10 décembre 1900.

FORMAT :
Hauteur.......... 0ᵐ,51
Largeur.......... 0ᵐ,34

CADRE :
Hauteur.......... 0ᵐ,47
Largeur.......... 0ᵐ,30

PRISON MILITAIRE

DE

____

REGISTRE

(1)

DES MILITAIRES.

(2)

____

Le présent registre, contenant   feuillets (dont   pour la table alphabétique), a été coté et paraphé sur le premier et le dernier feuillet par nous, Commandant d'armes.

A   , le   19   .

Ce modèle est à l'usage exclusif des prisons.

Chaque registre d'incarcération doit être coté et paraphé, avant toute inscription, par le commandant d'armes.

Ce registre sera constamment tenu à jour.

La plus grande surveillance est recommandée, à cet égard, à toutes les autorités militaires qui ont la police et l'inspection ou la surveillance administrative des prisons.

Les registres d'incarcération remplis devront être conservés avec soin par les agents principaux.

Si la punition a été subie en partie à la prison du corps, on portera dans la colonne « Observations » la mention : « dont tant de jours subis au corps. »

Les motifs des sorties définitives, devront être portés dans la colonne 10. Aucun motif autre que la sortie définitive de la prison ne devra faire rayer le détenu du registre d'incarcération.

Lors de la sortie définitive, les cases affectées au détenu sont rayées d'un trait diagonal à l'encre noire.

Numéro sous lequel le militaire est incarcéré.	NOM et prénoms du militaire.	GRADE.	Désignation du corps auquel appartient le militaire.	Durée et motifs de la détention à subir.	Date de l'entrée en prison.	Signature du gendarme ou autre qui a incarcéré le militaire.	Date de la sortie.	Signature du gendarme ou autre qui a levé l'écrou du militaire.	MOTIFS des SORTIES DÉFINITIVES. (Destination donnée aux détenus sortis définitivement.)
1	2	3	4	5	6	7	8	9	10

CORPS D'ARMÉE
ou
GOUVERNEMENT
MILITAIRE
d

PLACE   (1)   {
d

ANNÉES 1901 à

(1) Désignation de l'éta-
blissement.
(2) D'écrou ou de pas-
sage (1re partie).
(3) des militaires en
prévention ou des con-
damnés militaires ou
des passagers militaires
condamnés.

MODÈLE N° 18.
—
Article 40 de l'In-
struction du 10 dé-
cembre 1900.

FORMAT DU PAPIER :
Hauteur......... 0^m,61
Largeur......... 0^m,34
CADRE :
Hauteur........ 0^m,47.
Largeur........ 0^m,30.

REGISTRE

(2)

(3) *des militaires*

Le présent registre, contenant   feuillets (dont
pour la table alphabétique), a été coté et paraphé sur le pre-
mier et le dernier, par nous,

A   , le   19   .

NOTA. — Chaque registre d'écrou doit être coté et paraphé, avant toute in-
scription, par le rapporteur près le conseil de guerre ou par le commandant
d'armes. Le registre sera constamment tenu à jour; la plus grande surveil-
lance est recommandée à cet égard à toutes les autorités militaires qui ont
la police et l'inspection ou la surveillance administrative des établissements
pénitentiaires. Les registres remplis devront être conservés dans les archives
de l'établissement.
   Les motifs de la sortie définitive devront être portés dans la colonne 11.
Aucun motif autre que la *sortie définitive* ne devra faire rayer le détenu du
registre d'écrou.
   Lors de la sortie définitive, les cases affectées au détenu sur chaque page
sont rayées d'un trait diagonal à l'encre noire.
   Pour les hommes arrivés à expiration de peine et dirigés librement sur
leur corps ou leur foyer, la levée d'écrou est constatée par le chef de poste.

Numéros d'écrou.	NOMS, PRÉNOMS et signalement des condamnés.	DÉSIGNATION des corps ou établissements militaires auxquels ils appartenaient avant leur condamnation.	DÉSIGNATION des conseils de guerre qui ont prononcé les condamnations ou des rapporteurs qui ont délivré les mandats de dépôt ou d'arrêt.	Date, nature d'une et motifs des condamnations en faits de la prévention.	DATES des entrées à l'établissement.	SIGNATURE des gendarmes ou autres qui ont écroué les condamnés.	DATE et NATURE des grâces, des commutations ou réductions de peine.	DATES des sorties définitives.	SIGNATURE des gendarmes ou autres qui ont levé les écrous.	MOTIFS DES SORTIES DÉFINITIVES. Destinations données aux détenus sortis définitivement.
1	2	3	4	5	6	7	8	9	10	11
	(Nom et prénoms.) fils d et d domiciliés à , canton d , département d , né le à canton d , département d Domicilié avant son entrée au service à canton d , département d taille d'un mètre millimètres, cheveux sourcils , yeux , front , nez , bouche , menton , visage , teint . Profession d Marques particulières : Entré au service, le comme									
	(Nom et prénoms.) fils d et d domiciliés à , canton d , département d , né le à canton d , département d Domicilié avant son entrée au service à , canton d , département d taille d'un mètre millimètres, cheveux sourcils , yeux , front , nez , bouche , menton , visage , teint . Profession d Marques particulières :									
	(Nom et prénoms.) fils d et d domiciliés à , canton d , département d , né le à canton d , département d Domicilié avant son entrée au service à , canton d , département d taille d'un mètre millimètres, cheveux sourcils , yeux , front , nez , bouche , menton , visage , teint . Profession d Marques particulières : Entré au service, le , comme									

CORPS D'ARMÉE

(1)

PLACE D

MODÈLE N° 19.

Art. 40 et 59 de l'Instruction du 10 décembre 1900.

FORMAT.
Hauteur 0m,32
Largeur 0m,21

INVENTAIRE des effets remis au (2)
incarcéré le *à la prison de*

DÉSIGNATION DES EFFETS.	NOMBRE des EFFETS.	OBSERVATIONS.

Certifié le présent état comprenant (5) effets ou objets

A , le 19 .

(3)

Le soussigné certifie être détenteur des effets ou objets portés au présent état.

(4)

L'Agent principal soussigné de la prison de certifie que le nommé était détenteur au moment de son incarcération des effets ou objets portés au présent état.

A , le 19 .

L'Agent principal.

Le Chef d'escorte soussigné certifie que le est détenteur des effets ou objets portés au présent état.

A , le 19 .

(6)

En cas d'évacuation ultérieure :
Le Chef d'escorte soussigné certifie que le nommé a reçu les effets ou objets portés au présent état lors de sa sortie de la prison de

A , le 19 .

(6)

L'Officier d'administration comptable de (7) certifie que le était détenteur, au moment de son incarcération, des objets portés au présent état.

A , le 19 .

L'Officier d'administration comptable,

(1) Désignation du corps de troupe.
(2) Grade, noms et prénoms.
(3) Commandant de l'unité administrative.
(4) Signature du militaire incarcéré ou, à défaut, mention du refus de sa signature.
(5) Indiquer le nombre d'objets.
(6) Signature du chef d'escorte.
(7) L'agent principal en cas d'évacuation sur une autre prison militaire.

MODÈLE N° 20.

Art. 41 de l'Instruction du 10 décembre 1900.

FORMAT.
Hauteur.......... 0ᵐ,32
Largeur.......... 0ᵐ,21

PRISON MILITAIRE D

REGISTRE des sommes et bijoux, objets en propriété personnelle déposés par les détenus à leur entrée à la prison ou retirés aux détenus à leur entrée à la prison.

DATES des DÉPÔTS.	NOMS des DÉTENUS.	Nº D'ÉCROU.	ARGENT DÉPOSÉ	BIJOUX, VALEURS ET OBJETS déposés.	ÉMARGE-MENT DES DÉTENUS à l'entrée.	DATE DE LA REMISE AUX déposants ou de la vente ou de l'expédition	ÉMARGE-MENT DES DÉTENUS à la sortie.	OBSERVATIONS.
7 mai 1900.	Jacques (Pre).	3845	10 20	Une montre métal blanc.	Pierre Jacques.	20 mai 1900.	Pierre Jacques.	
10 mai 1900.	Noel (René).	3846	17 40	Une montre or, une chaîne de montre doublé or, une obligation de la ville de Paris.	René Noel.	5 juin 1902.	René Noel.	

ANNÉE

MODÈLE N° 21.

Art. 45 et 47 de l'Instruction du 10 décembre 1900.

FORMAT :

Hauteur......... 0",325
Largeur......... 0",210

(1) Désignation de l'établissement.

CONTROLE NOMINATIF

1° Du personnel ayant compté à l'effectif de l'établissement pénitentiaire pendant l'année 19   ;

2° Des militaires détenus pendant l'année 19   ;

INSTRUCTION.

I. PERSONNEL.

Le contrôle est annuel; les sous-officiers attachés à titre auxiliaire à l'établissement figurent à la suite des sous-officiers de la justice militaire.

Les officiers et sous-officiers composant le personnel de l'établissement pénitentiaire sont classés par grade dans l'emploi.

II. DÉTENUS.

Le contrôle des détenus est également annuel. Dans les prisons, il est divisé en deux parties : militaires non condamnés et militaires condamnés.

Les noms des détenus sont largement espacés et séparés par des traits horizontaux.

NOTA. — Le contrôle du personnel est présenté dans un tableau faisant suite au présent feuillet, tracé conformément au modèle n° 24 annexé au règlement du 29 mai 1890 sur la solde.

H. DÉTENUS.

PARTIE (1).

NOMS et PRÉNOMS.	CORPS.	GRADE.	NUMÉROS D'ÉCROU.	MUTATIONS ET MOUVEMENTS SURVENUS PENDANT LES				REVUE D'EFFECTIF PASSÉE							
				1er trimestre. Indiquer dans cette colonne le détail des mouvements des détenus absents au 1er janvier.	2e trimestre.	3e trimestre.	4e trimestre.	le Absents.	Présents.	le Absents.	Présents.	le Absents.	Présents.	le Absents.	Présents.

Ce cadre s'étend sur le verso et le recto formant deux pages consécutives de manière à présenter une largeur de 0m,80.

GOUVERNEMENT
MILITAIRE
ou
• CORPS D'ARMÉE
ou
DIVISION
TERRITORIALE
ou
DIVISION
D'OCCUPATION
de Tunisie.

PLACE d

MODÈLE N° 22.
—
Art. 104 de l'Instruc-
tion du 10 décem-
bre 1900.

JUSTICE MILITAIRE.

FORMAT :

Hauteur......... 0ᵐ,75
Largeur......... 0ᵐ,50

PERMIS INDIVIDUEL

de visite d'un détenu.

Il est permis à M (1)   demeurant à (2)
d'entrer à (3)   le (4)   pour y voir le
nommé (5)   (6)   détenu dans cet établissement
pénitentiaire à titre de

A   , le   19 .

Le Commandant d'armes,

(7)

(8)

(1) Nom et prénoms.
(2) Lieu de domicile et adresse.
(3) Désignation de l'établissement pénitentiaire.
(4) Date pour laquelle le permis est valable.
(5) Nom et prénoms du détenu.
(6) Grade et corps auquel appartenait le détenu.
(7) Si le détenu est en prévention la présente autorisation doit porter la mention : Vu,
pour autorisation de communiquer, signée du commissaire du Gouvernement ou du
rapporteur.
(8) En cas d'autorisation exceptionnelle de communication directe accordée à un
proche parent, la mention signée suivante sera portée au travers du présent permis :
« Communication directe. »

Modèle Nº 23.

Art. 115 de l'Instruction du 10 décembre 1900.

FORMAT :

Hauteur........ 0ᵐ,32
Largeur........ 0ᵐ,21

REGISTRE *de relevé des fonds et valeurs trouvés dans les lettres.*

Nº D'ÉCROU DE DESTINATAIRE.	NOM DU DÉTENU DESTINATAIRE de la lettre contenant des valeurs.	ÉMARGEMENS des personnes ayant participé à l'ouverture de la lettre.	DATE de L'ARRIVÉE de la lettre.	INVENTAIRE DES VALEURS trouvées dans la lettre.	DATE de la REMISE des valeurs au comptable ou au vaguemestre.	ÉMARGEMENT du comptable ou du vaguemestre pour prise en charge.

MODÈLE N° 24.

Art. 115 de l'Instruction du 10 décembre 1900.

FORMAT :
Hauteur......... 0ᵐ 32
Longueur........ 0ᵐ,21

CARNET *d'entrée et de distribution des timbres-poste appartenant aux détenus.*

Numéro d'écrou des détenus propriétaires de timbres.	NOMS DES DÉTENUS propriétaires de timbres.	DATE de la prise en charge.	NOMBRES de timbres			DATES DE L'EMPLOI DES TIMBRES ET ÉMARGEMENT DES DÉTENUS						
			à 0 fr. 05.	à 0 fr. 10.	à 0 fr. 15.	Affranchissement d'une lettre à 0 fr. 15.	Affranchissement d'une lettre à 0 fr. 15.	Affranchissement d'une lettre à 0 fr. 15.	Affranchissement d'une lettre à 0 fr. 15.	Affranchissement d'une lettre à 0 fr. 15.	Affranchissement d'une lettre à 0 fr. 15.	Affranchissement d'une lettre à 0 fr. 25.
3939	Albert (Émile).	18 mai 1900.		1	6	Date : 1 Parafe : E. A.	Date : 9 Parafe : E. A.	Date : Parafe :	Date : Parafe :	Date : Parafe :	Date : Parafe :	Date : 25 mai. Parafe : E. A.
3945	Merlin (Jean).	16 mai 1900.	10		10	Date : 22 mai. Parafe : J. M.	Date : 25 mai. Parafe : J. M.	Date : 2 juin. Parafe : J. M.	Date : 1ᵉʳ juin. Parafe : J. M.	Date : 9 juin. Parafe : J. M.	Date : 12 juin. Parafe : J. M.	Date : 2 juin. Parafe : J. M.

NOTA. — Lorsque les cases d'émargement sont épuisées, s'il reste des timbres non employés, un trait rouge est passé en diagonale sur la ligne réservée au détenu et une nouvelle inscription est faite dans le registre à la date du jour. Exemple, le détenu 3.918 sera rayé le 12 juin et une nouvelle inscription sera faite à la date du 12 juin constatant la possession de 7 timbres à 15 c. et 8 à 5. Un trait diagonal à l'encre noire est passé sur la ligne réservée au détenu, chaque fois qu'il y a épuisement des timbres.

Les détenus militaires condamnés n'ont pas droit aux franchises postales accordées par la loi du 29 décembre 1900 aux militaires présents sous les drapeaux.

⚫ CORPS D'ARMÉE.

PLACE D

(1) Désignation de l'établissement.

N° d'inscription au registre-journal des recettes et dépenses.

JUSTICE MILITAIRE.

EXERCICE 19 .

(1re Section. — Dépenses ordinaires.)

e TRIMESTRE.

CHAPITRE , ARTICLE .

MODÈLE N° 25.

Art. 182 de l'Instruction ministérielle du 10 décembre 1900.

FORMAT :

Hauteur.......... 0m,32
Largeur 0m,21

(1)

ÉTAT pour servir au paiement des prestations en deniers dues à l'établissement ci-dessus indiqué pour le mois d

NATURE DES ALLOCATIONS.		TAUX des ALLOCATIONS.	JOURNÉES (NOMBRE.)	DÉCOMPTE.	TOTAL PAR NATURE d'allocation.
		fr. c.			
Masse d'ordinaire.	Journées donnant droit à la prime entière d'ordinaire........				
	Journées donnant droit à la demi-prime d'ordinaire.......				
	Indemnités représentatives d'eau-de-vie....				
Indemnités pour frais de bureau	à				
	à				
	à				
	à				
	TOTAL............				

ARRÊTÉ le présent état à la somme de

A , le · 19 .

L (2)

(2) *Les membres du Conseil d'administration,*
ou
L'Officier commandant,
ou
L'Agent principal,

VU et VÉRIFIÉ :
Le Sous-Intendant militaire,

N° de la feuille (1)   MODÈLE N° 26.
de cantine.

Art. 142 de l'Instruc-
tion du 10 décem-
bre 1900.

FEUILLE DE CANTINE
du (2)

FORMAT :
Hauteur.0",32 ou 0",37
Largeur. 0",21 ou 0",25
(Selon les besoins.)

NOMS ET PRÉNOMS.	N° D'ÉCROU.	NATURE des DENRÉES OU OBJETS.	PRIX des DIFFÉRENTES espèces de denrées.	DÉPENSE par DÉTENU.
			TOTAL............	

Le soussigné certifie que les détenus portés au dit état ont demandé les fournitures indiquées en regard de leur nom, qui devront leur être délivrées le,   à

Le Sergent surveillant, chef de section,

Vu :
Bon à distribuer   (4)   certifie la distribution
(3)   en sa présence des denrées ci-dessus indi-
quées, dont le montant total s'élève à
le   à   heures.

(1) Désignation de l'établissement.
(2) Date du jour de la distribution.
(3) Le lieutenant adjoint ou l'agent principal ou le chef de détachement.
(4) L'adjudant de surveillance, le chef de détachement ou l'agent principal.
NOTA. Les numéros des feuilles de cantine sont donnés par l'adjudant de surveillance, ou le chef de détachement; ils forment une suite continue pendant l'année à l'établissement ou dans chaque détachement.

MODÈLE N° 27.

Art. n° 144 de l'Instruction du 10 décembre 1900.

FORMAT :
Hauteur 0.37
Largeur 0.25

REGISTRE DE CANTINE.

NOMS et PRÉNOMS des détenus.	N° D'ÉCROU des détenus.	DÉPENSES DE LA 1re QUINZAINE DE 10															TOTAUX.
		1	2	3	4	5	6	7	8	9	10	11	12	13	14	15	
TOTAUX............																	

ᵉ **CORPS D'ARMÉE.**

MODÈLE N° 23

PLACE D

ᵉ TRIMESTRE 19 .

(1)

N° d'inscription au registre-journal des recettes et dépenses.

(1) Désignation de l'établissement.

Art. n° 145 de l'Instruction du 10 décembre 1900.

FORMAT :
Hauteur.......... 0ᵐ,32
Largeur 0ᵐ,21

RELEVÉ des dépenses de cantine effectuées par les détenus pendant la quinzaine d 19 .

NUMÉROS des FEUILLES de cantine.	DÉSIGNATION DES DATES auxquelles s'appliquent les feuilles de cantine.	MONTANT des FEUILLES de cantine.	NUMÉROS des FEUILLES de cantine.	DÉSIGNATION DES DATES auxquelles s'appliquent les feuilles de cantine.	MONTANT des FEUILLES de cantine.
				Report	
	A REPORTER....			A REPORTER....	

NOTA. — Le présent modèle est établi sur feuillet double ; le tableau ci-dessus forme la 1ʳᵉ page. Les 2ᵉ et 3ᵉ pages portent simplement le cadre et les colonnes avec leurs en-têtes ; la 4ᵉ page est conforme au modèle figurant au verso.

Établiss. pénitent. Modèles.

8

NUMÉROS des FEUILLES de cantine.	DÉSIGNATION DES DATES auxquelles s'appliquent les feuilles de cantine.	MONTANT des FEUILLES de cantine.	NUMÉROS des FEUILLES de cantine.	DÉSIGNATION DES DATES auxquelles s'appliquent les feuilles de cantine.	MONTANT des FEUILLES de cantine.
	Report......			Report......	
	À REPORTER...			TOTAL........	

Certifié véritable le présent relevé s'élevant à la somme
établi en conformité des (1)   feuilles de cantine et annexées

            À   , le   19 .

L'Entrepreneur,

Arrêté le présent relevé à la somme de
(2)

            À   , le   19 .

Reçu la somme du montant du présent relevé

            À   , le   19 .

L'Entrepreneur,

Vu :

Le Sous-Intendant militaire,

(1) Mettre le nombre de feuilles de cantine.
(2) Les membres du conseil ou l'agent principal.

CORPS D'ARMÉE

PLACE D

e TRIMESTRE 19 .

JUSTICE MILITAIRE.

(1)

MODÈLE N° 20.

Art. 166 de l'Instruction du 10 décembre 1900.

FORMAT :
Hauteur .... 0",32.
Largeur .... 0",21.

CHAUFFAGE ET ÉCLAIRAGE.

CHAPITRE , ARTICLE , §

Décompte de la valeur en deniers des allocations annuelles maximum de chauffage et d'éclairage d'après les fixations des procès-verbaux dressés le   19   et le 19 .

NATURE des APPAREILS.	NOMBRE D'APPAREILS de chaque catégorie.	Nombre annuel de journées de chauffage ou d'heures d'éclairage.	NATURE du combustible.	Quantité de combustible par journée ou par heure et par chaque catégorie d'appareils.	Quantités annuelles de combustible par catégorie d'appareils.	Prix d'unité du combustible.	Montant en deniers des allocations maximum.
			I. CHAUFFAGE.				
Total des allocations de chauffage....							
			II. ÉCLAIRAGE.				
Total des allocations d'éclairage.....							

RÉCAPITULATION DES DÉPENSES réellement effectuées au titre du chauffage et de l'éclairage pendant l'année 19 .

I. CHAUFFAGE.

Facture n°   du s°   » »
—   n°   du s°   » »
—   n°   du s°   » »
—   n°   du s°   » »

Total des dépenses de chauffage...... » »

II. ÉCLAIRAGE.

Facture n°   du s°   » »
—   n°   du s°   » »
—   n°   du s°   » »
—   n°   du s°   » »

Total des dépenses d'éclairage....... » »

RÉCAPITULATION DES SOMMES A REMBOURSER A L'ÉTABLISSEMENT.

Montant des dépenses de chauffage.......................... » »
—   —   d'éclairage.......................... » »

Total............. » »

(1) Désignation de l'établissement pénitentiaire.

Certifié véritable le présent état dont le montant s'élève à (1).

A   , le   19 .

(2)

Vu :

Le Sous-Intendant militaire,

Mention des reversements au Trésor effectués au moyen des deniers personnels des membres des Conseils d'administration ou agents principaux.

La somme de   , montant de l'excédent des dépenses justifiées par les factures annexées au présent état par rapport aux fixations annuelles maxima en deniers, a été reversée au Trésor suivant récépissé n°   en date du   délivré par

A   , le   19 .

(3) *Le Sous-Intendant militaire,*

(1) Si le total des sommes dépensées au titre du chauffage excède le montant des allocations au titre de l'un ou de l'autre objet, l'excédent est versé au Trésor par le conseil d'administration ou l'agent principal de leurs deniers personnels. Le montant de la dépense est ensuite ordonnancé par le sous-intendant militaire au profit de l'établissement qui en a fait l'avance et le récépissé est transmis à l'administration centrale. (Direction du Contentieux et de la Justice militaire; Bureau de la Justice militaire.)
(2) Les membres du Conseil ou l'agent principal.
(3) Le présent état est appuyé des factures d'achat.

(1) Autant que possible le
travail d'un atelier
sera condensé dans une
seule feuille par journée.
La hauteur du carnet
pourra être réduite si le
nombre des travailleurs
permet cette diminution.

PRISON MILITAIRE D

CARNET DE TRAVAIL

Journée du   19   .

MODÈLE N° 30.
Art. 185 de l'Instruction du 10 décembre 1899.

Hauteur...... 0m,38 (1)
Largeur...... 0m,25

RELEVÉ du prix du travail des détenus et des gratifications acquises au fonds commun.

Numéro d'écrou	NOM du DÉTENU	DÉSIGNATION des ARTICLES CONFECTIONNÉS ou emploi	Nombre d'articles	Prix d'unité	Prix des quantités d'ouvrage	Produit de la journée des détenus	Compléments à ajouter pour parfaire le minimum de rendement	Somme à payer pour les journées de travail aux pièces	Somme à payer pour les journées de travail à la journée	Indemnité de chômage	Versement au fonds commun de gratifications	OBSERVATIONS
053	Denis	Chef d'atelier							1 50		0 30	Rendement minimum de la journée de travail aux pièces : 0 fr. 95. Les détenus travaillant à la journée (chef, sous-chef d'atelier, écrivain, ouvrier et apprenti) à la journée figurent en tête de l'état. Récapituler sous une accolade dans la col. 9 le produit des divers objets confectionnés par chaque détenu. Si le travail d'une journée nécessite l'emploi de plusieurs pages, chaque page est revêtue des signatures.
078	Bernard	Sous-chef d'atelier							1 25		0 25	
260	Jacob	Employé aux écritures							1 05		0 25	
280	Jacques	Id.							1 05		0 25	
61	Simon	Article A du marché	4	0 325	1 30			1 30			0 25	
65	Robert	— A —	1	0 325	0 325)						0 20	
		— B —	1	0 125	0 125)	0 80	0 15	0 95				
		— C —	2	0 175	0 350)							
87	Pierre	Apprenti, travail à la journée							0 60		0 10	
20	Paul	Id.							0 40		0 10	
201	Louis	Id.							0 35		0 10	
96	Albert	Ouvrier								0 60		
		TOTAUX										

CERTIFIÉ véritable le présent relevé des quantités de travail effectuées dans la journée du   et des gratifications revenant au fonds commun, arrêté contradictoire-ment entre l'Entrepreneur et l'Agent principal.

L'Entrepreneur (1),   Le Sergent chef de section,

(1) Ou le préposé de l'entrepreneur agréé sur sa demande écrite.

CORPS D'ARMÉE.

PLACE DE

TRIMESTRE 190 .

Mois de

Quinzaine.   (1)

JUSTICE MILITAIRE.

MODÈLE N° 31.

Art. 187 de l'Instruction du 10 décembre 1900.

FORMAT :

Hauteur.......... 0m,32
Largeur.......... 0m,21

FEUILLE de travail portant décompte des sommes dues par le sieur entrepreneur de la main-d'œuvre des détenus de la prison de , en exécution de son marché, pour l'occupation des détenus du (date) au (date-mois) 19 .

CATÉGORIES DE JOURNÉES A LA CHARGE DE L'ENTREPRENEUR ou nature des articles confectionnés par les détenus.	NOMBRE de JOURNÉES OU d'articles.	PRIX D'UNITÉ des journées ou des articles.	DÉCOMPTE par nature de journées ou d'articles.
I. — TRAVAIL A LA JOURNÉE.			
Journées de chef d'atelier..................			
Journées de sous-chef d'atelier			
Journées de détenu employé aux écritures			
Journées de détenu ouvrier travaillant à la journée.			
Journées de détenu apprenti. { 1re catégorie...... { 2e catégorie......			
II. — TRAVAIL AUX PIÈCES.			
Article A du marché			
Article B du marché			
TOTAL des compléments du rendement effectif ou rendement minimum.................			
Indemnités de chômage d'ouvrier			
Indemnités de chômage d'apprenti............			
TOTAL............			

CERTIFIÉ véritable le présent état dressé en conformité des inscriptions portées au Carnet de travail et arrêté à la somme de

VU ET VÉRIFIÉ,   A   , le   19 .
Le Sous-Intendant militaire,   (2)

La somme de   montant du présent état a été versée au Trésor le   suivant récépissé n°   délivré par

A   , le   19 .
Le Sous-Intendant militaire,

(1) Désignation de l'établissement.
(2) *Le Conseil d'administration, le Commandant ou l'Agent principal de la prison.*

CORPS D'ARMÉE

PLACE d

Nᵒ d'inscription au registre - journal des recettes et dépenses au titre des fonds particuliers.

JUSTICE MILITAIRE.

(1)

MODÈLE Nᵒ 82.

Art. 191 de l'instruction du 10 décembre 1900.

FORMAT :

Hauteur......... 0ᵐ,32
Largeur 0ᵐ,21

(1) Désignation de l'établissement.

FEUILLE de gratifications de la quinzaine de   19   .

NOMS ET PRÉNOMS des détenus.	Nᵒ D'ÉCROU.	NOMBRE DE JOURNÉES de travail.	GRATIFICATION de LA QUINZAINE.	OBSERVATIONS.
1	2	3	4	5
				La colonne 4 indiquera la récapitulation des gratifications journalières d'après la répartition. Le total doit être égal au total des gratifications portées au carnet de travail et formant la masse répartie.
TOTAUX à reporter.....				

NOMS ET PRÉNOMS des dépenses.	N° D'ÉCROU.	NOMBRE DE JOURNÉES de travail.	GRATIFICATION de LA QUINZAINE.	OBSERVATIONS.
1	2	3	4	5
Report.....				
Total.....				

Certifié le présent état de gratifications dressé d'après la répartition des sommes inscrites aux inscriptions du carnet de travail, dont le montant s'élève à

(1)

PREUVE DE PAIEMENT.

La somme de   , montant du présent état, a été versée par l'entrepreneur entre les mains de (2)   , après avoir été inscrite sous le n°   au registre-journal des recettes et dépenses, et a été répartie entre les comptes courants des détenus intéressés.

(2)

Vu :
Le Sous-Intendant militaire,

(1) Les membres du conseil d'administration ou l'agent principal.
(2) L'officier d'administration comptable ou l'agent principal.

e CORPS D'ARMÉE   JUSTICE MILITAIRE.   Modèle N° 83.

PLACE de

N°   d'inscription au registre-journal des recettes et des dépenses au titre des fonds particuliers.

(1)

PRÉVENUS ET DISCIPLINAIRES.

Art. 189 de l'Instruction du 10 décembre 1900.

FORMAT :

Hauteur......... 0,32
Largeur 0,21

FEUILLE de travail et de gratifications de la quinzaine d   19 .

Numéros d'écrou.	NOMS des DÉTENUS.	Nature du travail ou nature des pièces ouvrées.	Nombre de journées ou de pièces ouvrées.	Prix des journées ou des pièces.	Décompte des journées ou du travail aux pièces.	Montant des gratifications.	Total.	OBSERVATIONS.
								Récapituler sous une accolade les diverses inscriptions concernant le même détenu, s'il y a eu confection aux pièces de différents articles.
	TOTAL des sommes acquises aux prévenus ou disciplinaires....................							

CERTIFIÉ, l'éxécution des travaux portés au présent état ainsi que l'allocation de la somme figurant à titre de gratification, lequel état a été dressé d'après les inscriptions du carnet de travail et s'élève à la somme de :

A   , le   19 .

(2)

PREUVE DU PAIEMENT.

La somme de   montant du présent état a été versée par l'entrepreneur entre les mains du (3)   pour être répartie entre les comptes courants des détenus intéressés et a été inscrite au registre journal des recettes et dépenses sous le n°

(2)

(1) Désignation de l'établissement.
(2) Conseil d'administration, le commandant de la prison ou l'agent principal.
(3) De l'officier d'administration comptable ou de l'agent principal.

(1)

QUINZAINE DE   19   .

MODÈLE N° 34.

Art. 191 de l'Instruc-
tion du 10 décem-
bre 1900.

FORMAT :
Hauteur.......... 0m,32
Largeur 0m,21
(1) Désignation de l'é-
tablissement.

ÉTAT *de répartition des gratifications.*

NOMS des CONDAMNÉS.	NUMÉROS D'ÉCROU.	GRATIFICATIONS ATTRIBUÉES SUR LE FONDS commun journalier.											TOTAL par DÉTENU.
TOTAUX..........													

ARRÊTÉ la répartition individuelle du fonds commun journalier de gratifi-
cations conformément aux indications du présent état.

Le Commandant de l'établissem[t],   L'Agent principal ou chef de détachem[t],

L'Entrepreneur,

Inscrire les dates dans les en-têtes des colonnes.

NOTA : Le total de la dernière colonne doit être égal au total des nombres
inscrits pour les condamnés dans la colonne gratifications du carnet de tra-
vail pour la date correspondante.

Chaque colonne est parafée journellement par l'entrepreneur et l'agent
principal; l'état est arrêté définitivement par eux en fin de quinzaine.

•CORPS D'ARMÉE.

PLACE d

N° d'inscription au registre-journal des recettes et dépenses.

(1) Désignation de l'établissement.
(2) Les membres du conseil d'administration ou le commandant ou l'agent principal.

JUSTICE MILITAIRE.

(1)

EXERCICE

CHAPITRE . ART. . §

MODÈLE N° 35.

Art. n° 193 de l'Instruction du 10 décembre 1900.

FORMAT :
Hauteur......... 0".32
Largeur .... 0".21

ÉTAT des gratifications accordées aux détenus employés au service intérieur de l'établissement pendant la quinzaine de 19 .

N° D'ÉCROU.	NOMS.	EMPLOIS occupés.	JOURNÉES d'occupation.	GRATIFICATION journalière.	TOTAL.	MUTATIONS et OBSERVATIONS.
				TOTAUX..........		

CERTIFIÉ le présent état s'élevant à la somme de
qui a été réparti entre les comptes courants des divers intéressés.

(2) L'

VU :
Le Sous-Intendant militaire,

NOTA. — Il est établi un état spécial pour les tailleurs et les cordonnier dans les ateliers et pénitenciers. Cet état reste comme pièce justificative de la dépense au titre de la masse d'habillement.

FORMAT :
Hauteur .... 0^m,37
Largeur .... 0^m,27
Cadre (largeur) ... 0^m,24

MODÈLE N° 30.
Art. 206 de l'Instruction du 10 décembre 1900.

NOM N° D'ÉCROU				NOM N° D'ÉCROU				NOM N° D'ÉCROU				NOM N° D'ÉCROU			
Dates.	Nature des opérations de recettes ou dépenses.	Recettes.	Dépenses.	Dates.	Nature des opérations de recettes ou dépenses.	Recettes.	Dépenses.	Dates.	Nature des opérations de recettes ou dépenses.	Recettes.	Dépenses.	Dates.	Nature des opérations de recettes ou dépenses.	Recettes.	Dépenses.

TRIMESTRE 19 .

MOIS D

N°   d'inscription au registre des recettes et dépenses.

(1)

MODÈLE n° 36 bis.

Art. n° 206 de l'Instruction du 10 décembre 1900.

FORMAT :
Hauteur......... 0ᵐ,32
Largeur......... 0ᵐ,21

(1) Désignation de l'établissement.
(2) Les membres du conseil d'administration ou le commandant de la prison ou l'agent principal.

ÉTAT des versements faits aux fonds particuliers et provenant de sommes retirées aux prévenus, dons manuels, etc.

NUMÉROS D'ÉCROU.	NOMS.	MONTANT du VERSEMENT.	ORIGINE des FONDS.
	TOTAL.........		

Certifié par nous (membres du conseil d'administration ou agent principal) le présent état de versement à la somme de

À   , le   19 .

(2)

VU :

Le Sous-Intendant militaire,

e TRIMESTRE 19

N° d'inscription au
registre journal des
recettes et des dé-
penses.

(2)

Modèle n° 87.

Art. 208 et 237 de
l'Instruction du 10
décembre 1900.

FORMAT :

Hauteur......... 0m,32
Largeur......... 0m,21

(1) Les membres du
conseil d'administration
ou l'officier commandant
la prison ou l'agent prin-
cipal.
(2) Désignation de l'é-
tablissement.

BULLETIN d'imputation sur le compte des fonds particuliers de la valeur des dégradations de casernement ou de la valeur des détériorations de matériel commises volontairement.

Numéros d'écriture.	NOMS.	INDICA-TION sommaire de la cause des débets.	Numéros au registre des fonds divers.	DATES de la décision ministérielle de débet.	MONTANT du débet.	MONTANT des VERSEMENTS pour atténuation ou extinction de débets.	OBSERVA-TIONS.
		Totaux.......					

Certifié le présent bulletin s'élevant à la somme de
pour servir à la justification des imputations faites aux fonds particuliers des
détenus.

A   , le   19 .

(1)

Vu :

Le Sous-Intendant militaire,

Cet état est dressé en double expédition ; l'une sert de pièce justificative de
la recette effectuée par la masse d'habillement et l'autre de pièce justificative
de la dépense au compte des fonds particuliers.

TRIMESTRE 19

Nᵒ d'inscription au registre-journal des recettes et dépenses.

(1) Désigner l'établissement.
(2) Les membres du conseil d'administration, le commandant ou l'agent principal.

JUSTICE MILITAIRE.

(1)

MODÈLE Nᵒ 38.

Art. 209 de l'Instruction du 10 décembre 1900.

FORMAT :
Hauteur......... 0.32.
Largeur......... 0.21.

BORDEREAU des sommes à verser au Trésor pour l'acquittement total ou partiel des frais de justice provenant :

1ᵒ De versements volontaires au moyen de l'avoir des fonds particuliers;
2ᵒ De l'avoir disponible aux fonds particuliers au moment de la radiation des contrôles.

Nᵒ d'écrou.	NOMS et PRÉNOMS des détenus.	Sommes à verser à la date de ce jour pour atténuation ou extinction des frais de justice.	TOTAL des sommes antérieurement versées par chacun des intéressés.	TOTAL des versements y compris celui effectué à la date de ce jour.	TOTAL des frais de justice et amendes dus par chacun des condamnés intéressés.	Somme restant à payer.	Date du jugement.	Désignation du conseil de guerre ou du tribunal civil qui a prononcé la condamnation.	Domicile ou corps d'affectation des détenus libérés.
	TOTAL.....								

CERTIFIÉ le présent état s'élevant à la somme de   dont il est justifié par les récépissés ci-joints.

(2)

A   , le   19   .

VU :
Le Sous-Intendant militaire,

Le   soussigné déclare avoir délivré   quittances portant les nᵒ au nom des détenus portés au présent état et s'élevant ensemble à la somme de

A   ,   19   .

(Signature de l'agent des finances.)

NOTA. — En cas de plusieurs condamnations, le versement s'applique à une condamnation déterminée. Si le versement est assez important pour solder entièrement les frais d'une condamnation et laisser un excédent applicable à une seconde condamnation, il est fait deux inscriptions. Il ne sera pas tenu compte des autres condamnations.
Les récépissés sont inclus dans le présent bordereau qui est conservé par l'établissement comme pièce de dépense; une autre expédition sera laissée entre les mains de l'agent des finances.
Le cadre pourra être continué sur les pages 2, 3, 4, avec report des totaux des pages. Dans ce cas les certifications et déclarations figurent sur la quatrième page.

· TRIMESTRE 19 ·

—

Nᵒ d'inscription au
registre-journal des
recettes et dépenses.

MODÈLE Nᵒ 30.

—

Art. 210 de l'Instruc-
tion du 10 décem-
bre 1900.

FORMAT :

Hauteur........
Largeur........

(1)

(1) Désigner l'établisse-
ment.
(2) Acquittement de
dette ou achat d'objets,
dont l'introduction est
autorisée, ou envoi de
fonds à leur famille.
(3) Le Conseil d'admi-
nistration, le comman-
dant ou l'agent principal
de la prison.

*ÉTAT des sommes payées sur l'avoir disponible des fonds particuliers
des détenus ci-dessous dénommés pour (2)   , confor-
mément à l'article 210 du règlement.*

Nᵒ d'ordre.	NOMS et PRÉNOMS.	DATE de l'autori-sation don-née par (3)	MONTANT en ARGENT.	Émargement du détenu pour demande d'exé-cution du paie-ment.	Émargement du créan-cier pour acquit d........ ou déclaration signée du détenu constatant la remise à lui faite d'un mandat postal d........

· CERTIFIÉ le présent état s'élevant à la somme de

À   , le   19.

VU :   L

Le Sous-Intendant militaire,

TRIMESTRE 19 .

MODÈLE 40.

N° d'inscription au registre-journal des recettes et dépenses.

(1)

Art. 211 de l'Instruction du 10 décembre 1900.

(1) Désigner l'établissement.
(2) Nom, prénoms, du détenu.
(3) Passé au corps ou établissement pénitentiaire.

FORMAT :

Hauteur......... 0ᵐ,32
Largeur......... 0ᵐ,21

BULLETIN de situation des fonds particuliers du nommé (2) détenu rayé des contrôles et (3)

N° d'écrou	DATES DES DÉCISIONS des DÉBITS NON RECOUVRÉS.	DATE DE LA RADIATION des CONTROLES.	SITUATION DU COMPTE des fonds particuliers.		OBSER-VATIONS.
			AVOIR.	DÉBIT.	
		TOTAUX.....			

Certifié le présent bulletin constatant que le nommé était possesseur, au moment de sa radiation des contrôles, d'un avoir disponible s'élevant à qui a été envoyé à , le , par mandat du Trésor n° en date du , et a été inscrit en dépense au registre-journal des recettes et dépenses sous le n°

A , le 19 .

Vu :
Le Sous-Intendant militaire,

Avis de réception des fonds par les corps ou établissements

Le certifie avoir reçu la somme de qui a été inscrite en recette au registre-journal sous le n°

A , le 19 .

NOTA. — Ce bulletin est adressé en double expédition au corps ou à l'établissement destinataire en cas d'avoir disponible aux fonds particuliers. Celui-ci en retourne une expédition à l'établissement expéditeur des fonds, après avoir rempli la formule d'avis de réception.

<table>
<tr><td>

ᵉ TRIMESTRE

N° d'inscription au registre-journal des recettes et dépenses.

(1) Désigner l'établissement.

(2) Le Conseil d'administration ou l'agent principal.

</td><td>

(1)

</td><td>

MODÈLE N° 41.

Art. 211 de l'Instruction du 10 décembre 1900.

FORMAT :

Hauteur......... 0ᵐ,32
Largeur 0ᵐ,21

</td></tr>
</table>

ÉTAT des sommes payées aux détenus sur leurs fonds particuliers, à leur sortie de l'établissement ou expédiés par mandats postaux aux intéressés dans le lieu de leur résidence.

N° D'ÉCROU.	NOMS et PRÉNOMS.	SOMMES expédiées par mandats postaux.	SOMMES payées en deniers.	ÉMARGEMENT DES DÉTENUS pour acquit des sommes payées directement en deniers.	NUMÉROS DES MANDATS.	DATES DES MANDATS.	BUREAU de poste d'émission des mandats.	ÉMARGEMENT des intéressés pour avis d'expédition d'un mandat dans le lieu de leur résidence.
1	2	3	4	5	6	7	8	9
	TOTAUX...							

Certifié le présent état s'élevant à la somme de   se décomposant comme il suit :

Sommes payées en espèces aux détenus libérés rentrant dans leurs foyers...

Sommes envoyées par mandat-poste aux détenus libérés dans le lieu de leur résidence...

Frais de poste dudit envoi..

TOTAL.......

A   , le   19 .

(2)

VU :
Le Sous-Intendant militaire.

NOTA. — Les colonnes 3 et 4, 6, 7, 8 devront être remplies lorsque cet état sera présenté à la signature des hommes libérés. Il leur sera donné avis de la destination donnée au reliquat de fonds qu'ils ne devraient pas toucher par application des articles 218 et 219.

TRIMESTRE 19 .

N° d'inscription au registre-journal des recettes et dépenses.

(1)

MODÈLE N° 42.

Art. 211 de l'Instruction du 10 décembre 1900.

FORMAT :

Hauteur......... 0m,32
Largeur......... 0m,21

ÉTAT des sommes provenant de l'avoir disponible des détenus condamnés à la détention, à la réclusion ou aux travaux forcés, versées à la caisse nationale d'épargne.

N° D'ÉCROU.	NOMS et PRÉNOMS.	SOMMES versées.	N°° des livrets.	DATES D'ÉMIS-SION du livret.	LIEU D'ÉMIS-SION du livret.	DATE de L'ENVOI du livret au Minis-tre.	

CERTIFIÉ le présent état s'élevant à la somme de

À   , le   19 .

(2)

VU :

Le Sous-Intendant militaire,

(1) Désigner l'établissement.
(2) Les *Membres du conseil d'administration*, le *Commandant de la prison*, ou l'*Agent principal.*

e TRIMESTRE 19 .

N° d'inscription au registre-journal des recettes et dépenses.

(1)

MODÈLE N° 43.

Art. 211 de l'Instruction du 10 décembre 1900.

FORMAT :

Hauteur........... 0m,31
Largeur 0m,22

ÉTAT des sommes provenant de l'avoir disponible des détenus décédés, évadés, versées à la caisse des dépôts et consignation.

N° D'ÉCROU.	NOMS et PRÉNOMS.	SOMMES VERSÉES.	N° des DÉCÉDÉS.	DATE des VERSE-MENTS.	LIEU des VERSE-MENTS.	MOTIF des VERSEMENTS.
	TOTAL......					

CERTIFIÉ le présent état s'élevant à la somme de

À   , le   19 .

(2)

VU :
Le Sous-Intendant militaire,

(1) Désigner l'établissement.
(2) Les Membres du conseil d'administration, le Commandant de la prison, ou L'Agent principal.

GOUVERNEMENT
MILITAIRE
ou
CORPS D'ARMÉE

PLACE de

e TRIMESTRE.

Déposé aujourd'hui et inscrit immédiatement sous le n°   au registre spécial des pièces de comptabilité.
A   , le   19   .

Le Sous-Intendant militaire,

PRISON MILITAIRE à

EXERCICE 19   .

CHAPITRE   , ARTICLE   , §   .

ETAT des primes de surveillance acquises à l'agent principal et à l'adjudant greffier pendant le mois d   19   .

MODÈLE N° 44.

Art. 229 de l'Instruction du 10 décembre 1900.

FORMAT :
Hauteur.......... 0,32
Largeur.......... 0,22

NOMS DES PARTIES PRENANTES.	EM-PLOIS.	PRODUIT du TRAVAIL pendant le	QUOTITÉS du PRODUIT du travail propres à chaque emploi (en deniers).	MAXIMUM de PERCEPTION.	PRIMES ACQUISES AUX ayants droit.	OBSERVATIONS.
1	2	3	4	5	6	7
			TOTAL des primes.......			

CERTIFIÉ le présent état s'élevant à la somme de   établi en conformité des feuilles de travail des condamnés afférentes au mois de   19   .

A   , le   19   .

L'Agent principal,

VÉRIFIÉ ET ARRÊTÉ le présent état s'élevant à la somme de   laquelle a été ordonnancée ce jour en deux mandats n°°   et
A   , le   19   .

Le Sous-Intendant militaire,

Col. 3. Indiquer le mois et l'année ou, dans le cas visé au dernier paragraphe de l'art. 229, le rendement annuel. Dans ce dernier cas, indiquer dans la colonne 7 le montant des 11 primes déjà perçues.

TRIMESTRE 19 .

N°   d'inscription
au registre-journal
des recettes et dé-
dépenses.   (1)

MODÈLE N° 45.

Art. 18, 23 et 33 de
l'Instruction du 10
décembre 1900.

FORMAT :

Hauteur.......... 0″,32
Largeur .... 0″,21

ÉTAT pour servir au paiement de l'allocation attribuée au (2)

NUMÉROS MATRICULES.	NOMS.	GRADES.	NOMBRE de JOURNÉES ou de séances.	INDEMNITÉ ALLOUÉE pour chaque journée ou séance.	TOTAL.	ÉMARGEMENT.

ARRÊTÉ par nous (3) soussigné, le présent état, à la somme de
qui a été payée à l'intéressé.

VU :

Le Sous-Intendant militaire,

(1) Désigner l'établissement.
(2) A l'adjudant vaguemestre pendant le   ᵉ trimestre 19   ou au moniteur général de l'École pendant le trimestre 19   , au militaire de la garnison ayant fait l'office de perruquier, etc.
(3) Membres du Conseil d'administration ou agent principal.

<TRIMESTRE 19 .

MODÈLE N° 46.

Art. 148 et 237 de l'Instruction du 10 décembre 1909.

(1) Désigner l'établissement.
(2) Nom et prénoms du détenu.
(3) Passé au
(4) Les membres du conseil d'administration du   ou l'agent principal de la prison de

(1)

FORMAT :

Hauteur.......... 0,32
Largeur.......... 0,21

BULLETIN de débet du nommé (2)
détenu rayé des contrôles et (3)

NUMÉROS D'ÉCROU.	DATES DES DÉCISIONS ministérielles de débets non recouvrés.	DATE DE LA RADIATION des contrôles.	Situation de la masse.		OBSERVA-TIONS.
			AVOIR.	DÉBET.	
		TOTAUX..........			

Certifié le présent bulletin constatant que le nommé était débiteur envers l'   , au moment de sa radiation des contrôles, d'une somme de

A   , le   19 .

(4)

VU :
Le Sous-Intendant militaire,

Avis d'envoi du montant du débet.

Le (4)   a expédié ce jour à   la somme de
                  laquelle a été portée en dépense sous le numéro   du registre-journal des recettes et dépenses (1)

A   , le   19 .

(4)

Preuve de la recette.

Le   certifie avoir reçu la somme de   qui a été inscrite au registre-journal des recettes et dépenses de (1) sous le n°

A   , le   19 .

NOTA. — Ce bulletin est adressé en double expédition au corps ou à l'établissement destinataire, en cas de débet d'un homme faisant mutation. Celui-ci, après avoir rempli la formule d'envoi des fonds, retourne les deux expéditions avec un mandat sur le Trésor. L'établissement qui opère la recette retourne au corps ou à l'établissement expéditeur des fonds une des expéditions complétée par la mention de la recette et du versement au Trésor.

FORMAT :

Hauteur.......... 0",37
Largeur .... 0",25

(1) Désigner l'établissement.

MODÈLE N° 47.

Art. 240 de l'Instruction du 10 décembre 1900.

(1)

REGISTRE

de centralisation des recettes et des dépenses.

EXERCICE 190 , 190 , 190 , 190 .

Le présent registre, contenant   feuillets, a été coté et paraphé par nous, Sous-Intendant militaire, chargé de la surveillance administrative pour servir à l'inscription sommaire et à la classification par trimestre d'exercice de toutes les recettes et dépenses qui seront faites au titre de   , à compter du   * trimestre 19 .

A   , le   19 .

Les allocations aux détenus employés au service intérieur, comme les gratifications des entrepreneurs, sont portées en recettes au titre des fonds particuliers.

DATES.	N° d'inscription au registre-journal.	DÉTAIL des RECETTES et des DÉPENSES.	RECETTES.	DÉPENSES.	DISTINCTION DES RECETTES.														
					A DIVERS TITRES.						AU TITRE DE LA JUSTICE MILITAIRE.								
					Solde et accessoires.	Légion d'honneur.	Masse d'habillement.	Fonds particuliers.	Allocation aux s.-offic. par les entrepreneurs.	Appareils prothétiques.	Frais de bureau.	Masse d'ordinaire.	Allocation d'eau-de-vie.	Blanchissage.	Chauffage.	Éclairage.	Menus achats d'objets de propreté ou de matériel.		

DISTINCTION DES RECETTES. / DISTINCTION DES DÉPENSES.

RECETTES.				DISTINCTION DES DÉPENSES.													
JUSTICE MILITAIRE.				A DIVERS TITRES.						AU TITRE DE LA JUSTICE MILITAIRE.							
Blanchissage.	Chauffage.	Éclairage.	Menus achats d'objets de propreté ou de matériel.	Solde et accessoires.	Légion d'honneur.	Masse d'habillement.	Fonds particuliers.	Allocations aux s.-offic. par les entrepreneurs.	Appareils prothétiques.	Frais de bureau.	Service intérieur.	Masse d'ordinaire.	Allocation d'eau-de-vie.	Blanchissage.	Chauffage.	Éclairage.	Menus achats d'objets de propreté ou de matériel.

Les nombres à porter en recette ou en dépense dans chaque colonne au premier jour du tri- mestre sont les résultats balancés des recettes et des dépenses de diverses colonnes dans l'arrêté correspondant au trimestre précédent.

L'arrêté du registre de centralisation est effectué en conformité des indications figurant au modèle 14 annexé au décret sur l'administration des corps de troupes (Édition refondue du *Bulletin officiel*, volume 2, p. 112 et suivantes), en tenant compte des simplifications à opérer manifeste- ment.

MODÈLE N° 48.

Art. 250 de l'Instruc-
tion du 10 déc. 1900.

FORMAT :
Hauteur.......... 0,37
Largeur.......... 0,25

(1) Désignation de l'é-
tablissement.

REGISTRE DES FONDS DIVERS.

Le présent registre, contenant   feuillets, a été coté et pa-
raphé par nous, Sous-Intendant militaire.

       A   , le   19 .

SOMMAIRE.

CHAPITRE 1er.

Avances au personnel.

NUMÉROS des articles au registre-journal.	INDICATION sommaire des OPÉRATIONS.	COMPTE GÉNÉRAL.		COMPTES PARTICULIERS.														
		Recettes.	Dépenses.	M. SOMMES		M. SOMMES		M. SOMMES		M. SOMMES		M. SOMMES		M. SOMMES		M. SOMMES		M. SOMMES
				avancées.	retenues.	avancées.	retenues.	avancées.	retenues.	avancées.	retenues.	avancées.	retenues.	avancées.	retenues.	avancées.	retenues.	avancées. retenues.
	À REPORTER...																	

CHAPITRE II.

Pertes, déficits de fonds, prix confection d'effets et autres imputations au personnel.

MOTIFS SOMMAIRES des IMPUTATIONS.	DATES des DÉCISIONS arrêtant la répartition des imputations.	MONTANT de CHAQUE imputation.	NOM ET GRADE DE CHACUN des officiers débiteurs				
			M.	M.	M.	M.	M.

NUMÉ-ROS des ARTICLES au Journal.	INDICATION sommaire des OPÉRATIONS.	COMPTE général.		COMPTES PARTICULIERS.										
		Recettes.	Dépenses.	M.		M.		M.		M.		M.		M.
				SOMMES		SOMMES		SOMMES		SOMMES		SOMMES		SOMMES
				à retenir.	retenues.	à retenir.	retenues.	à retenir.	retenues.	à retenir.	retenues.	à retenir.	retenues.	à retenir.	retenues.

CHAPITRE III.
Débets et frais de justice des condamnés.

Nom du détenu :	Nom du détenu :	Nom du détenu :	Nom du détenu :	Nom du détenu :
Prénoms :	Prénoms :	Prénoms :	Prénoms :	Prénom :
N° d'écrou :	N° d'écrou :	N° d'écrou :	N° d'écrou :	N° d'écrou :
Date de la déc. min. de débet :	Date de la déc. min. de débet :	Date de la déc. min. de débet :	Date de la déc. min. de débet :	Date de la déc. min. de débet :
Montant du débet..........	Montant du débet..........	Montant du débet..........	Montant du débet..........	Montant du débet..........
Date des jugements :	Date des jugements :	Date des jugements :	Date des jugements :	Date des jugements :
Conseil de guerre :	Conseil de guerre :	Conseil de guerre :	Conseil de guerre :	Conseil de guerre :
Tribunal ou :	Tribunal ou	Tribunal ou	Tribunal ou	Tribunal ou
Montant des frais de justice à recouvrer.	Montant des frais de justice à recouvrer.	Montant des frais de justice à recouvrer.	Montant des frais de justice à recouvrer.	Montant des frais de justice à recouvrer.
TOTAL.....	TOTAL.....	TOTAL.....	TOTAL.....	TOTAL.....

COMPTE
DES RECETTES.

DATE DE L'OPÉRATION.	Numéro d'inscription au chapitre des fonds particuliers.	Montant des recettes pour extinction.		
		de débets.	de frais de justice.	

Aux termes de l'article 147, la masse d'habillement supporte provisoirement les débets encourus par les détenus; aucune inscription de débet ne doit donc être faite au présent chapitre avant que le débet ait été liquidé par le Ministre. La masse d'habillement fait alors recette de remboursements au moyen des fonds divers.

Les frais de justice formant une catégorie spéciale de débets ne devant pas être confondus avec les imputations sont l'objet d'inscriptions à l'encre rouge.

CHAPITRE IV.

Fonds particuliers.

NUMÉROS des articles au registre-journal.	INDICATION SOMMAIRE DES OPÉRATIONS.	COMPTE GÉNÉRAL.	
		Re-cettes.	Dépen-ses.
	Avoir en caisse au 1er juillet 1901...	960 »	
2153	Paiement de feuilles de cantine de juillet 1900.......		185 »
2154	Envoi de fonds à l'ex-détenu Albert (n° 4525)........		20 »
2155	Versement par le sieur A... des gratifications de juillet 1900......................	103 »	
2156	Remise de fonds au détenu n° 4538, libéré...		15 »
2157	Envoi au Conseil d'administration du 135e d'infanterie de fonds appartenant à l'ex-détenu n° 4520.		95 »
2158	Don manuel au détenu X.... n° 4528...............	5 »	
2159	Envoi au Conseil d'administration du 3e bataillon d'Afrique des fonds appartenant aux nommés X.... n° 4520, Y..., n° 4538, Z..., n° 5848, W..., n° 6260, V..., n° 7410...............		98 »

CHAPITRE V.

Cautionnements divers.

NUMÉROS des articles au registre-journal.	INDICATION des opérations.	COMPTE général.		COMPTES PARTICULIERS.											
		Recettes.	Dépenses.	M.		M.		M.		M.		M.		M.	
				Sommes		Sommes		Sommes		Sommes		Sommes		Sommes	
				versées.	remboursées.	versées.	remboursées.	versées.	remboursées.	versées.	remboursées.	versées.	remboursées.	versées.	remboursées.

(1) Désignation de l'établissement.
(2) Désignation du détachement.

(1)

(2)

Modèle N° 49.

Format :

Hauteur.......... 0".21
Largeur.......... 0".32

SITUATION ADMINISTRATIVE NUMÉRIQUE DE DIZAINE

du détachement d   présentant journellement l'effectif des hommes présents pendant la période du
au   , ainsi que les mutations qui ont modifié journellement l'effectif de la précédente décade.

DATES.	JOURNÉES DONNANT DROIT A DES PRIMES JOURNALIÈRES ET AUX ALLOCATIONS DE PAIN.									Primo de la masse d'habillement.		Nombres de journées de présence des hommes des troupes coloniales.		Nombre de journées de détenus de la marine.	OBSERVATIONS.
	Prime d'ordinaire avec ration de pain.	Demi-prime d'ordinaire avec ration de pain.	Demi-prime d'ordinaire avec demi-ration de pain.	Rations de pain exclusives d'autre nourriture.	Indemnités représentatives d'eau-de-vie.	Rations individuelles de chauffage.	Rations collectives d'éclairage.					appartenant aux unités stationnées en France, en Algérie et en Tunisie.	appartenant aux unités stationnées dans les colonies ou protectorats		
1	2	3	4	5	6	7	8	9	10	11		12	13	14	15
															Nota. — Les journées de présence des hommes des troupes coloniales et de la marine sont comprises dans les nombres des colonnes 2 à 11 pour les droits réels aux prestations qu'elles ouvrent à l'établissement ; elles figurent à part dans les colonnes de droite du tableau en vue de remboursement forfaitaire.
Totaux..															

MUTATIONS AFFECTANT L'EFFECTIF DES PRÉSENTS A LA DATE DU							MUTATIONS N'AFFECTANT PAS L'EFFECTIF DES PRÉSENTS A LA DATE DU			
NUMÉROS	NOMS	DATES	NATURE	HOMMES DES TROUPES coloniales.		HOMME de la marine.	NUMÉROS	NOMS	DATES.	NATURE
d'écrou.	des détenus.	des mutations.	des mutations.	appartenant à des unités stationnées en France, etc.	appartenant à des unités stationnées dans les colonies, etc.		d'écrou.	des détenus.		des punitions.

Vu et VÉRIFIÉ la présente situation de laquelle il résulte :

1° Que le total des journées donnant droit aux allocations ci-dessous s'élève à :
primes d'ordinaire avec pain ;
demi-primes d'ordinaire avec pain ;
— avec demi-ration de pain ;
rations de pain exclusives d'autre nourriture ;
indemnités journalières de distribution d'eau-de-vie ;
rations individuelles de chauffage ;
— collectives d'éclairage ;
primes de la masse d'habillement ;

2° Que le nombre de journées de présence des hommes des troupes coloniales appartenant à des unités stationnées en France, en Algérie ou en Tunisie s'élève à   ; que le nombre de journées de présence des hommes des troupes coloniales appartenant à des unités stationnées dans les colonies ou protectorats s'élève à   ; que le nombre de journées de présence des hommes de la marine s'élève à   .

A   , le   19   .   .

Le Sous-Intendant militaire,

A   , le   19   .

Le (grade) chef de détachement,

(1) Désigner l'établissement ou la portion détachée d'établissement.

(1)

MODÈLE N° 50.
—
Art. 244 de l'Instruction ministérielle du 10 décembre 1900

FORMAT.
Hauteur 0m21
Largeur 0m32

SITUATION administrative numérique journalière présentant l'effectif des présents à la date du   , ainsi que les mutations qui ont modifié l'effectif de la veille dudit jour.

DATES.	Nombre de journées donnant droit à des primes sur les crédits affectés aux établissements pénitentiaires et aux allocations de pain.						Journées n'entraînant droit à aucune allocation.			Nombre de journées des hommes de l'armée coloniale appartenant à des unités stationnées		Nombre de journées de présence des hommes de la marine.	OBSERVATIONS.
	Prime d'ordinaire avec ration de pain.	Demi-prime d'ordinaire avec ration de pain.	Demi-prime d'ordinaire avec demi-ration de pain.	Rations de pain exclusives d'autre nourriture.	Indemnités représentatives d'eau-de-vie.	Primes de la masse d'habillement.	Officiers en possession de leur grade.	Sous-officiers rengagés ou commissionnés ou possession de leur grade.	Militaires punis disciplinairement.	en France, en Algérie et en Tunisie.	dans les colonies ou protectorats.	présence des hommes de la marine.	NOTA. — Les nombres de journées des hommes des troupes coloniales et de la marine sont compris dans les nombres des colonnes 2, 3, 4, 5, 6, 7, pour les droits réels aux prestations qu'elles ouvrent à l'établissement. Elles figurent à part dans les colonnes 10, 11, 12, en vue du remboursement forfaitaire. Celles donnant droit aux allocations sont portées à l'encre rouge dans la colonne spéciale du présent état.
1	2	3	4	5	6	7	8	9	10	11	12	13	

MUTATIONS AFFECTANT L'EFFECTIF DES PRÉSENTS A LA DATE DU							MUTATIONS N'AFFECTANT PAS L'EFFECTIF DES PRÉSENTS A LA DATE DU			
NUMÉROS d'écrou.	NOMS des détenus.	DATES des mutations.	NATURE des mutations.	HOMMES DES TROUPES coloniales		HOMMES de la marine.	NUMÉROS d'écrou.	NOMS des détenus.	DATES.	NATURE des punitions.
				appartenant à des unités stationnées en France, etc.	appartenant à des unités stationnées dans les colonies, etc.					

Vu et VÉRIFIÉ la présente situation de laquelle il résulte :

1° Que le total des journées donnant droit aux allocations ci-dessous s'élève à :

primes de   à la masse d'ordinaire, avec pain ;
demi-primes de   à la masse d'ordinaire, avec pain ;
—   — avec demi-ration de pain ;
rations de pain exclusives d'autre nourriture ;
indemnités journalières de distribution d'eau-de-vie hygiénique ;
prime de   à la masse d'habillement ;

2° Que le nombre de journées de présence d'hommes des troupes coloniales appartenant à des unités stationnées en France, Algérie et Tunisie s'élève à

3° Que le nombre de journées de présence d'hommes des troupes coloniales appartenant à des unités stationnées aux colonies ou dans les protectorats s'élève à

4° — — — à la marine s'élève à

5° Que le nombre de journées de présence n'ouvrant droit à aucune allocation s'élève à

6° — — — sur les crédits budgétaires, mais donnant lieu au remboursement forfaitaire de la prime d'ordinaire par les corps de troupe, s'élève à

CERTIFIÉ le présent état

A   , le   19 .

Le (1)

A   , le   19 .

Le Sous-Intendant militaire,

(1) Commandant de l'établissement ou l'Agent principal.

Dans les prisons d'Algérie, ouvrir une colonne supplémentaire dans la première moitié du précédent tableau pour les prévenus indigènes du territoire militaire et arrêter le nombre de journées.

<table>
<tr><td>

° CORPS D'ARMÉE.

—

DÉPARTEMENT

d

—

PLACE

d

—

(1) Désignation de l'établissement.

</td><td>

JUSTICE MILITAIRE

ou

(1)

—

EXERCICE 190 .

(1re Section. Dépenses ordinaires.)

</td><td>

Nº 46 *ter* de la Nomenclature générale.

—

MODÈLE Nº 51.

—

Art. 247 de l'Instruction ministérielle du 10 décembre 1900

FORMAT :

Hauteur......... 0m,32
Largeur......... 0m,22

</td></tr>
</table>

° TRIMESTRE.

CHAPITRE   , ARTICLE   .

FEUILLE DE JOURNÉES NUMÉRIQUE

présentant journellement les allocations en deniers, pendant le trimestre, concernant les détenus dudit établissement, ainsi que les allocations en nature attribuées aux mêmes détenus.

Tableau Nº 1. *Allocations extraordinaires.*

1° INDEMNITÉS.

En remplacement

2° FOURNITURES EN NATURE.

TABLEAU N° 2. *Feuille de journées numérique. Droits de l'unité ou de la portion principale de l'unité.*

MOIS ET DATES.	JOURNÉES donnant DROIT A L'ALLOCATION					JOURNÉES DONNANT DROIT à des allocations en nature autres que le pain (1).				NOMBRE de journées de présence des hommes des troupes coloniales appartenant à des unités stationnées		NOMBRE de journées de présence des hommes de la marine.	Pour mémoire.
	de 0 fr. avec le pain.	de 0 fr. avec le pain.	de 0 fr. avec la demi-ration de pain.	de la ration de pain exclusivement.	de l'indemn. hyg. d'eau-de-vie.					en France, en Algérie ou en Tunisie.	dans les colonies ou protectorats.		Masse d'habillement.
1													
2													
3													
4													
5													
6													
7													
8													
9													
10													
11													
12													
13													
14													
15													
16													
17													
18													
19													
20													
21													
22													
23													
24													
25													
26													
27													
28													
29													
30													
31													
TOTAUX du mois.													

(1) Ces colonnes sont utilisées dans le cas où exceptionnellement les hommes sont nourris au compte du service des subsistances.

Dans les prisons militaires d'Algérie, on ouvrira à côté de la colonne affectée aux détenus de la marine une colonne affectée aux prévenus indigènes; le nombre de ces journées sera arrêté.

TABLEAU N° 2. *Feuille de journées numérique. Droit de l'unité ou de la portion principale de l'unité (Suite).*

MOIS ET DATES.	JOURNÉES donnant DROIT A L'ALLOCATION.					JOURNÉES DONNANT DROIT à des allocations en nature autres que le pain.				NOMBRE de journées de présence des hommes des troupes coloniales appartenant à des unités stationnées		NOMBRE de journées de présence des hommes de la marine.	Pour mémoire.
	de 0 fr. avec le pain.	de 0 fr. avec le pain.	de 0 fr. avec la demi-ration de pain.	de la ration de pain exclusivement.	de l'indemn. hyg. d'eau-de-vie.					en France, en Algérie ou en Tunisie.	dans les colonies ou protectorats.		Masse d'habillement.
1													
2													
3													
4													
5													
6													
7													
8													
9													
10													
11													
12													
13													
14													
15													
16													
17													
18													
19													
20													
21													
22													
23													
24													
25													
26													
27													
28													
29													
30													
31													
Totaux du mois.													

TABLEAU N° 2. *Feuille de journées numérique. Droits de l'unité ou de la portion principale de l'unité (Suite).*

MOIS et DATES.	JOURNÉES donnant DROIT A L'ALLOCATION					JOURNÉES DONNANT DROIT à des allocations en nature autres que le pain.	NOMBRE de journées de présence des hommes des troupes coloniales appartenant à des unités stationnées		Nombre de journées de présence des hommes de la marine.	Pour mémoire.
	de 0 fr. avec le pain.	de 0 fr. avec le pain.	de 0 fr. avec la demi-ration de pain.	de la ration de pain exclusivement.	de l'indemn. hyg. d'eau-de-vie.		en France, en Algérie ou en Tunisie.	dans les colonies ou protectorats.		Masse d'habillement.
1										
2										
3										
4										
5										
6										
7										
8										
9										
10										
11										
12										
13										
14										
15										
16										
17										
18										
19										
20										
21										
22										
23										
24										
25										
26										
27										
28										
29										
30										
31										
Totaux du mois.										

TABLEAU N° 3. *Feuille de journées numérique. Fractions de l'unité détachées.*

DÉSIGNATION DES DÉTACHEMENTS.	DATES.	JOURNÉES donnant DROIT A L'ALLOCATION					JOURNÉES DONNANT DROIT à des allocations en nature autres que le pain.				NOMBRE DE JOURNÉES de présence des hommes des troupes coloniales appartenant à des unités stationnées		Nombre de journées de présence des hommes de la marine.	Pour mémoire.
		de 0 fr. et au pain.	de 0 fr. et au pain.	de 0 fr. avec la demi-ration de pain.	de la ration de pain exclusivement.	de l'indemn. hyg. d'eau-de-vie.					en France, en Algérie ou en Tunisie.	dans les colonies ou protectorats.		Masse d'habillement.
	1re dizaine d													
	2e —													
	3e —													
	1re dizaine d													
	2e —													
	3e —													
	1re dizaine d													
	2e —													
	3e —													
	TOTAUX...													
	TOTAUX...													
	TOTAUX...													
	TOTAUX...													
	A REPORTER.....													

TABLEAU N° 3. *Feuille de journées numérique. Fractions de l'unité détachées.*

DÉSIGNATION DES DÉTACHEMENTS.	DATES.	JOURNÉES donnant DROIT A L'ALLOCATION					JOURNÉES DONNANT DROIT à des allocations de nature autres que le pain.				NOMBRE de journées de présence des hommes des troupes coloniales appartenant à des unités stationnées		Nombre de journées de présence des hommes de la marine.	Pour mémoire.
		et de au pain.	et de au pain.	avec la demi-ration de pain.	de la ration de pain exclusivement.	de l'indemn. hyg. d'eau-de-vie.					en France, en Algérie ou en Tunisie.	dans les colonies ou protectorats.		Masse d'habillement.
	TOTAUX...													
	TOTAUX...													
TOTAUX des détac.														

TABLEAU N° 4. *Récapitulation. (Tableaux n°° 2 et 3.)*

MOIS, ETC.	JOURNÉES donnant DROIT A L'ALLOCATION					JOURNÉES DONNANT DROIT à des allocations en nature autres que le pain.				NOMBRE de journées de présence des hommes de l'armée coloniale appartenant à des unités stationnées		Nombre de journées de présence des hommes de la marine.	Pour mémoire.
	et de au pain.	et de au pain.	avec la demi-ration de pain.	de la ration de pain exclusivement.	de l'indemnité hygiénique d'eau-de-vie.					en France, en Algérie ou en Tunisie.	dans les colonies ou protectorats.		Masse d'habillement.
Fractions détachées.													
Tot. (droit de l'unité).													
Nomb. de rat. de pain													

TABLEAU N° 5. *Décompte des fournitures en nature autres que le pain perçues à titre réglementaire.* (Art. 136 de l'Instruction du 10 décembre 1900.)

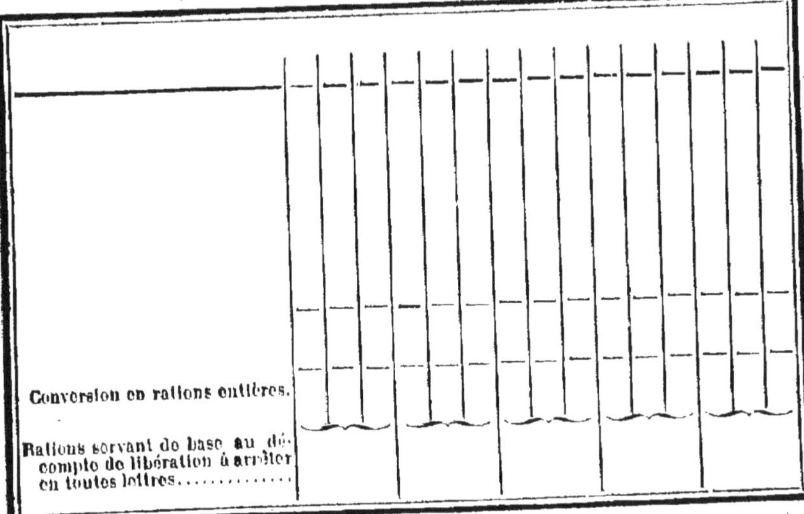

Conversion en rations entières.

Rations servant de base au décompte de libération à arrêter en toutes lettres..............

TABLEAU N° 6. *Décompte des allocations en deniers.*

NATURE DES ALLOCATIONS.	JOURNÉES d'allocations.		DÉCOMPTE en deniers.		TOTAUX des décomptes en deniers.
1° Masse des ordinaires (tableau n° 4)......					

2° Indemnités, primes, etc.

NATURE DES ALLOCATIONS.		Nombre de journées.	Taux des allocations.
Indemnités pour frais de bureau.	Commandant.................		
	Lieutenant adjoint.............		
	Officier comptable.............		
	Agent principal.............		
	....		
	....		
	....		

TOTAL GÉNÉRAL des allocations en deniers.......

Certifié par nous (1),   , la présente feuille
de journées de laquelle il résulte :

1° Que le décompte des allocations en deniers s'élève à la somme de :

2° Que les allocations en nature se montent à :

rations de vivres-pain.
—   d
—   d
      d
      d

3° Que le nombre de journées de présence des hommes des troupes coloniales appartenant à des unités stationnées en France, en Algérie ou en Tunisie s'élève à

Que le nombre des journées de présence des hommes des troupes coloniales appartenant à des unités stationnées aux colonies ou dans les pays de protectorat s'élève à

Que le nombre de journées de présence des hommes de la marine s'élève à

A   , le   19

L (1)

Vu
Le Sous-Intendant militaire,

(1) *Les Membres du Conseil d'administration,*
ou *L'Officier commandant,*
ou *L'Agent principal,*

•CORPS D'ARMÉE.

—

PLACE D

(1) Désignation de l'établissement.

JUSTICE MILITAIRE.

EXERCICE 19 .
(1ᵉ section. — Dépenses ordinaires.)

ᵉTRIMESTRE.

CHAPITRE , ARTICLE .

(1)

I. — DÉCOMPTE DE LIBÉRATION EN DENIERS
DU ° TRIMESTRE 19 .

1° Crédit de l'établissement.

NATURE DES ALLOCATIONS.	TAUX des ALLOCATIONS.	JOURNÉES en nombre.	DÉCOMPTE.	TOTAL PAR NATURE d'allocation.
1° Masse d'ordinaire des détenus. (Journées donnant droit à la prime.......... / Journées donnant droit à la demi-prime.....				
2° Indemnité pour frais de bureau. (à .... / à .... / à				
3°				
TOTAL du crédit........				

2° Débit de l'établissement.

	MANDATS ÉMIS.			MONTANT par MANDAT.
NUMÉROS.	DATES.	NOMS DES ORDONNATEURS secondaires qui ont émis les mandats.	DÉPARTEMENTS.	
		Total du débit.....		
		Report du crédit........		
		Trop-perçu de........		
		Moins-perçu de......		

qui a été { versé au Trésor le   suivant récépissé n°   ordonnancé le   en un mandat n°

II. — DÉCOMPTE DE LIBÉRATION DES FOURNITURES
EN NATURE.

DÉTAIL DU CRÉDIT et du débit.									OBSERVATIONS.
CRÉDIT.									Nota. — Le décompte des compensations à faire entre denrées de même nature destinées à être substituées les unes aux autres devra être porté dans cette colonne.
Les allocations en nature s'élèvent à (tableaux n°° 4 et 5).									Il en sera de même de l'explication à donner des trop et des moins perçus relativement considérables.
DÉBIT.									Les bons de totalisation parvenus trop tardivement pour être portés au débit du décompte qu'ils concernent doivent être régularisés dans un décompte de libération supplémentaire correspondant au trimestre de la distribution.
Lieux de perception.									A cet effet, les moins-perçus de ce trimestre sont reportés et comparés, sur le tableau ci-contre, avec les perceptions constatées par les bons de totalisation.
									On indiquera, autant que possible, si le décompte présente un caractère définitif ou provisoire.
Total du débit...									REVUE DU 4° TRIMESTRE.
Retour du crédit...									Décompte du rappel de la valeur de la moitié des moins-perçus en vivres-pain en fin d'année.
Il a été {en moins. {perçu {en trop...									Nombre de rations de vivres-pain perçues en moins..
Prix de remboursement des rations perçues en trop...									dont la moitié est de..... à raison de fr. c. la ration à rappeler au profit des ordinaires et à porter au crédit de la 1re partie du présent décompte de libération (3° augmentations diverses.)
Décompte en deniers des trop-perçus............									En ce qui concerne le pain les imputations pour trop-perçu ne sont faites, s'il y a lieu, que d'après les résultats de la revue du 4° trimestre de chaque exercice.
									La valeur des rations perçues en trop a été versée au Trésor le 19 (récépissé n°).

CERTIFIÉ le présent décompte de libération

À   , le   19   .

Le Sous-Intendant militaire,

L. (1)

ᵉ CORPS D'ARMÉE.

PLACE D

(1) Désignation de l'établissement.
(2) Des troupes coloniales appartenant à des unités stationnées en France, en Algérie ou en Tunisie, ou de l'armée coloniale appartenant à des unités stationnées dans les colonies ou pays de protectorat, ou des hommes de la marine.

JUSTICE MILILAIRE.

(1)

EXERCICE 19 .

1ʳᵉ SECTION. — DÉPENSES ORDINAIRES.

CHAPITRE , ART.

MODÈLE Nᵒ 52.

Art. 249 et 250 de l'Instruction du 10 décembre 1900.

FORMAT :
Hauteur.......... 0,32
Largeur.......... 0,21

EXTRAIT de la feuille de journée numérique de (1) afférente au trimestre de 19 , concernant les hommes de (2)

NOMBRE de JOURNÉES de présence.	NOMBRE de DEMI-JOURNÉES de présence.	TAUX DE REMBOURSEMENT		DÉCOMPTE EN DENIERS		TOTAL.
		de la JOURNÉE de présence.	de la demi-JOURNÉE de présence.	DU MONTANT des journées de présence.	DU MONTANT des demi-journées de présence.	

CERTIFIÉ le présent extrait s'élevant à la somme de
établi en conformité des inscriptions récapitulatives figurant sur la feuille de journées du   ᵉ trimestre.

Les Membres du Conseil d'administration,
ou
le Commandant de la prison ou l'Agent principal,

VU et VÉRIFIÉ le présent extrait sur la feuille de journée sus-visée.
Le Sous-Intendant militaire,

NOTA. — Il est compté une demi-journée de présence lorsque le militaire a été incarcéré ou est sorti après le repas du matin.

19ᵉ CORPS D'ARMÉE.

PLACE D

SERVICE

DE LA

JUSTICE MILITAIRE.

MODÈLE Nº 52 *bis.*

Articles 166 et 172 de l'Instruction du 10 décembre 1900.

(1) Désignation de l'établissement.
Totaliser sous une accolade, dans la colonne 10 les allocations afférentes à chaque détachement.

(1)

FORMAT :
Hauteur......... 0ᵐ,32
Largeur......... 0ᵐ,21

(2) Il n'est alloué de ration collective d'éclairage que si l'entrepreneur manque à l'obligation d'éclairer le camp; le montant en deniers de la ration, dans chaque cas est fixé par le sous-intendant militaire sur la proposition du conseil d'administration.

EXERCICE 19.

CHAPITRE , ARTICLE , §   .

Feuille de journées numérique du chauffage et de l'éclairage des détachements (détenus).

DÉSIGNATION des DÉTACHEMENTS.	DURÉE des périodes de chauffage et d'éclairage.	CHAUFFAGE.					ÉCLAIRAGE.		
		NOMBRE de rations individuelles par dizaine.	TAUX DE LA RATION du chauffage.	QUANTITÉS ALLOUÉES par détachement.	PRIX D'UNITÉ du combustible.	DÉCOMPTE EN DENIERS.	NOMBRE DE RATIONS COLLECTIVES.	VALEURS EN DENIERS de la ration collective.	DÉCOMPTE EN DENIERS des allocations d'éclairage.
1	2	3	4	5	6	7	8	9	10
	Dizaine de								
	Dizaine de								
	Dizaine de								
	Dizaine de								
	Dizaine de								
	Dizaine de								
	Dizaine de								
	TOTAL............						TOTAL.		

CERTIFIÉ véritable le présent état s'élevant à la somme de

A   , le   19 .

Les Membres du conseil d'administration,

ARRÊTÉ le présent état à la somme de   laquelle a été ordonnancée ce jour en un mandat nº

A   , le   19 .

Le Sous-Intendant militaire,

JUSTICE MILITAIRE.

MODÈLE Nº 53.

Hauteur........ 0ᵐ,235
Largeur........ 0ᵐ,165

LIVRET INDIVIDUEL

DE DÉTENU.

Nom en lettres bâtardes
  de 1 centimètre.

Prénoms :

Prison militaire de

Date de l'arrivée a la prison le

Nº d'écrou au registre des prévenus.
Date de son passage aux condamnés
  le

Date de l'expiration de sa peine
  le
Nº d'écrou au registre des condam-
  nés.
(1) Évacué ou libéré le

A   , le   19 .

Mutations.

Arrivé à
le

Écroué sous le nº
Évacué ou libéré le

Arrivé à
le

Écroué sous le nº
Évacué ou libéré le

NOTA. — Aux termes de l'article 7 du décret du 26 février 1900, les détenus qui ont subi au moins la moitié de leur peine et qui, par une conduite constamment irréprochable, ont donné des preuves de retour au bien, peuvent être recommandés à la clémence du chef de l'État, soit pour la remise totale, soit pour une réduction de durée de leur peine.

Le livret de détention suit l'homme en cas de changement d'établissement pénitentiaire. Dans ces cas, il est procédé par l'établissement qui perd l'homme à une liquidation provisoire des fonds particuliers faisant ressortir : 1º l'avoir, déduction faite des imputations; 2º les frais de justice non remboursés.

(1) Rayer, selon le cas, le mot évacué ou le mot libéré.

Extrait de l'instruction du 10 décembre 1900 sur les établissements pénitentiaires.

Art. 42. Les objets et l'argent saisis sur les hommes punis disciplinairement leur sont rendus lors de leur sortie.

Il en est de même des objets saisis sur les prévenus lorsqu'ils sont acquittés et de l'argent dont ils n'auraient pas demandé le versement à leurs fonds particuliers ou de l'argent qui subsisterait à ces fonds.

En cas de condamnation, si l'homme est maintenu à l'établissement, les objets saisis sont conservés par la prison pour lui être rendus à sa sortie ou recevoir telle destination qu'il indiquera ; l'argent saisi est versé d'office à son fonds particulier, mais réservé de même que le reliquat de cet argent déjà versé aux fonds particuliers, mais non dépensé. Avis de l'existence de cette somme et de son origine est donné au percepteur de la localité pour la délivrance d'une contrainte. Si le détenu est transféré dans un autre établissement, les objets sont vendus pour le prix en être versé à son fonds particulier, ou sont adressés à ses frais à la personne qu'il désignera.

Toutefois, en cas de condamnation à une peine d'une durée inférieure à trois ans, les objets saisis pourront, sur la demande de l'intéressé, être adressés à ses frais à l'établissement destinataire pour lui être remis à sa sortie. L'argent est, dans tous les cas, adressé à cet établissement pour être versé au fonds particulier.

Art. 73. Les condamnés, à l'exception des officiers, des sous-officiers et employés militaires restés en possession de leur grade ou de leur emploi sont astreints au travail.

Ce travail s'exécute, suivant le cas, dans des ateliers installés dans l'intérieur des établissements ou sur des chantiers extérieurs.

Les prévenus, les accusés et les hommes détenus disciplinairement ne sont pas soumis à l'obligation du travail, mais ils prennent part aux corvées de l'établissement.

Art. 74. Le silence est obligatoire dans les ateliers.

Il ne peut être fait exception à cette règle que pour les explications qu'ont à donner les maîtres, contre-maîtres et sous-chefs d'ateliers.

Ces explications doivent être demandées et données à voix basse en présence du surveillant d'atelier.

Art. 80. Les détenus doivent constamment se montrer respectueux envers leurs chefs de tous grades. Toutes les fois qu'ils se trouvent en leur présence dans une chambre, ils doivent se découvrir. Ce salut ne se renouvelle pas dans le cours ordinaire du service, sauf lorsque le commandant parcourt l'établissement. Dans la cour, aux promenoirs découverts, sur les chantiers, les détenus doivent saluer de la manière spécifiée au règlement sur le service intérieur.

Ils ne doivent adresser la parole à leurs supérieurs qu'avec réserve et déférence, et seulement pour les objets relatifs à leur travail ou à leurs besoins.

Art. 81. Les détenus doivent travailler avec assiduité et le mieux possible. Ils doivent obéir immédiatement à tous les ordres donnés et se conformer à toutes les consignes de l'établissement.

Ils ne peuvent parler entre eux qu'aux heures de repos.

Toute démonstration, toute clameur tendant à rompre le silence et le calme qui doivent constamment régner, soit dans les cellules, soit dans les chambres de détention, soit dans les ateliers, sont interdites.

Art. 87. Les détenus en punition de cellule ne peuvent obtenir l'autorisation d'améliorer la nourriture réglementaire.

Toute visite de l'extérieur est interdite pour eux.

Art. 88. Exceptionnellement, les détenus à l'égard desquels les punitions ordinaires sont restées sans effet, ou qui manifestent de la mauvaise volonté pour le travail, peuvent être soumis pendant deux mois au régime de la cellule de correction. Cette punition est prononcée, en France, par les gouverneurs ou commandants de corps d'armée ; en

Algérie, par le général commandant la division territoriale ; et, en Tunisie, par le général commandant la division d'occupation.

Art. 91. Toute réclamation collective, quel qu'en soit l'objet, est interdite.

Art. 92. Les réclamations individuelles sont présentées hiérarchiquement. Elles doivent toujours être transmises et être soumises au commandant qui statue.

Art. 93. Les détenus, après avoir réclamé hiérarchiquement, ainsi qu'il est dit ci-dessus, peuvent s'adresser directement à l'inspecteur général, lors de son inspection ou au commandant d'armes lors de ses visites mensuelles.

Art. 94. Il est infligé une punition sévère au détenu qui fait sciemment une réclamation mal fondée.

Art. 97. 4° Si une tentative d'évasion a lieu la nuit, la sentinelle charge son fusil, en criant une seule fois : « Halte-là ou je fais feu ! ». Si, malgré cet avertissement, l'évadé ne s'arrête pas, la sentinelle fait feu et appelle la garde ;

5° Si un détenu paraît la nuit à une fenêtre, le factionnaire doit, à trois reprises différentes, le sommer de se retirer. Il ne fera feu qu'après la dernière sommation. Il ne doit jamais être fait feu sur les individus placés derrière des barreaux qui peuvent faire obstacle à la tentative d'évasion ;

8° En cas de révolte ouverte de la part des détenus, le directeur ou le gardien-chef de l'établissement pourra, sous sa responsabilité personnelle, requérir les militaires préposés à la garde dudit établissement de faire, après les sommations, usage de leurs armes pour réprimer la rébellion.

Art. 140. Les détenus dont la conduite est satisfaisante peuvent améliorer leur nourriture par prélèvement sur leur fonds particulier dans les conditions indiquées à l'article 207 ci-après.

Art. 201. *(Disposition spéciale aux détachements.)*

De jour, toutes les fois qu'un détenu tentera de s'évader, la sentinelle crie successivement :

Halte-là ! A la garde !

Halte-là ou je fais feu !

Halte-là ou je fais feu !

Si, après la troisième injonction, le détenu continue à s'éloigner en courant, la sentinelle fait feu. Toutefois, si, avant que la sentinelle ait fait les trois sommations de s'arrêter, le détenu est sur le point de disparaître en profitant d'un accident de terrain, d'une construction, la sentinelle pourra faire feu après avoir crié une seule fois : Halte-là, ou je fais feu.

De nuit, la sentinelle crie une seule fois : à la garde, halte-là ou je fais feu. Si, malgré cet avertissement, l'évadé ne s'arrête pas, la sentinelle fait feu.

Art. 208. Les détenus sont pécuniairement responsables des dégradations au casernement, des détériorations, lacérations ou destructions d'effets d'habillement, de petit équipement, d'objets divers, des bris ou détérioration de machines, outils et marchandises appartenant aux entrepreneurs, commis de propos délibéré et des pertes de ces effets ou objets provenant de leur fait.

Les sommes ainsi mises à leur charge sont immédiatement imputées à leur fonds particulier et ils peuvent être privés de tout prélèvement sur ces fonds pour améliorer leur régime, jusqu'à ce que les sommes dues soient récupérées.

Art. 210. Lorsqu'un détenu qui possède à son avoir un fonds particulier n'est passible d'aucune imputation et qu'il n'a pas de dette envers l'État, il peut, sur sa demande, être autorisé à affecter jusqu'à concurrence d'une somme déterminée par le chef de l'établissement, une partie de son fonds particulier soit au paiement de dettes dûment justifiées contractées avant son incarcération, soit à des paiements d'achat d'effets, soit à des envois d'argent à des personnes désignées, soit à des placements à la caisse d'épargne.

Fonds particuliers.

DATES.	DÉTAIL des RECETTES et DÉPENSES.	MONTANT des	
		RECETTES.	DÉPENSES.

Le compte des fonds particuliers s'étend sur trois pages.

Effets et objets apportés et remportés par les hommes.

DÉSIGNATION des EFFETS.	DÉPOSÉS au MAGASIN.	LAISSÉS en garde à L'HOMME.	EMPORTÉS par les HOMMES à leur sortie.	OBSERVATIONS.

DÉSIGNATION des EFFETS.	DATES DES DISTRIBUTIONS. Les effets neufs sont indiqués par la lettre N ; ceux en cours de durée par la lettre B ; la lettre est suivie du chiffre qui représente le numéro du mois de l'année. Exemple une vareuse neuve distribuée en avril est inscrite N₄.											
	19	19	19	19	19	19	19	19	19	19	19	19
Habillement. (Liste des effets.) **Coiffure.** Képi ou calotte.												*Effets de la*
Liste des effets à l'usage des détenus des prisons ou des pénitencires ou des ateliers de travaux publics												*Effets de la*

DATES DES RÉINTÉGRATIONS.	OBSERVATIONS.
19 19 19 19 19 19 19 19 19 19 19 19	On indiquera dans cette colonne les dates des procès-verbaux de perte ou destruction ainsi que les quantités d'effets perdus ou détériorés.
1re portion.	Le présent tableau s'étend sur les quatre pages suivantes. L'inscription des effets d'habillement, coiffure et autres doit être faite sur deux pages par la prison. En cas de transfert du condamné dans un pénitencier ou atelier, les deux pages suivantes sont utilisées par l'établissement réceptionnaire; les deux pages dernières sont utilisées lorsque le condamné séjourne dans les trois catégories d'établissements: prison, pénitencier, atelier.
2e portion.	

Compte spécial des amendes et frais de justice.

MOTIFS ET DATE des JUGEMENTS.	FRAIS DE JUSTICE, amendes et décimes additionnels.	DATES et OBJETS des remboursements.	MONTANT des REMBOURSEMENTS.	DÉSIGNATION des QUITTANCES.
Total....				
Remboursements...				
Reste dû.....				

Compte spécial des débets encourus par le condamné.

MOTIFS et DATE des débets.	DATE des décisions ministérielles ou des autorisations provisoires d'imputations.	MONTANT des débets.	DATES des REMBOURSEMENTS.	MONTANT des REMBOURSEMENTS.	OBSERVATIONS.
Total des débets					
Total des remboursements......					
Reste dû...					

Liquidation du compte des fonds particuliers au moment de la sortie de (1).

Montant des recettes des fonds particuliers, pendant la détention.......
Montant des dépenses autorisées, y compris les frais de justice et imputations payées.................................

               Différence.................
Montant total ou partiel des imputations encourues et restant à rembourser

               (2) Reste.................
Montant total ou partiel des frais de justice et amendes restant à rembourser......................................

               Avoir disponible.....

    Sur cet avoir disponible, il a été remis, en argent, au nommé   la
somme de   , et la somme de   a été (3)
    Les frais de poste s'élevant à   forment le complément de l'avoir
disponible.

Liquidation du compte des fonds particuliers au moment de la sortie de (1).

Montant des recettes des fonds particuliers, pendant la détention.......
Montant des dépenses autorisées, y compris les frais de justice et imputations payées.................................

               Différence.................
Montant total ou partiel des imputations encourues et restant à rembourser

               (2) Reste.................
Montant total ou partiel des frais de justice et amendes et restant à rembourser......................................

               Avoir disponible.....

    Sur cet avoir disponible, il a été remis, en argent, au nommé
somme de   , et la somme de   a été (3)
    Les frais de poste s'élevant à   forment le complément de l'avoir
disponible.

Liquidation du compte des fonds particuliers au moment de la sortie de (1).

Montant des recettes des fonds particuliers, pendant la détention.......
Montant des dépenses autorisées, y compris les frais de justice et imputations payées.................................

               Différence.................
Montant total ou partiel des imputations encourues et restant à rembourser

               (2) Reste.................
Montant total ou partiel des frais de justice et amendes et restant à rembourser......................................

               Avoir disponible.....

    Sur cet avoir disponible, il a été remis, en argent, au nommé
somme de   , et la somme de   a été (3)
    Les frais de poste s'élevant à   forment le complément de l'avoir
disponible.

(1) Indiquer l'établissement :
(2) Si la somme existant aux fonds particuliers ne peut couvrir les imputations, ajouter, à la suite du mot reste, *débiteur envers l'établissement.*
(3) Adressée au conseil d'administration du   ou au sieur
au lieu de son domicile.

TABLE DES MODÈLES.